Claus-Dieter Steyer

Geheime Orte in Mecklenburg-Vorpommern

Geheime Orte in Mecklenburg-Vorpommern

Ein Ausflugsführer für die ganze Familie

Claus-Dieter Steyer

nicolai

Unser Newsletter und unsere Facebook-Seite informieren Sie über aktuelle Bücher und alle anderen Neuigkeiten unseres Verlags.

www.nicolai-verlag.de

nicolai *Der Hauptstadtverlag*

Lektorat: Freia Schleyerbach
Herstellung: Christine Noack

Printed in the EU

ISBN 978-3-89479-783-6

INHALT

TOUR 3 INSEL RÜGEN/HIDDENSEE

TOUR 4 FISCHLAND-DARSS-ZINGST

TOUR 5 RUND UM ROSTOCK

TOUR 6 WISMAR UND UMGEBUNG

TOUR 7 PASEWALK UND GREIFSWALD

TOUR 8 BUNKERWELTEN

Einladung zum Entdecken

Sie liegen meistens abseits der bekannten Touristenwege und stecken doch voller Spannung: Orte mit einer unbekannten oder im Laufe der Jahre in Vergessenheit geratenen Vergangenheit. Wer sie erkundet, stößt auf unglaubliche, faszinierende und abenteuerliche Geschichten. Da meist keine Wegweiser zu diesen Orten führen, klassische und digitale Reiseführer nur spärliche oder gar keine Auskünfte geben, Navigationssysteme nicht selten versagen und die Zahl der Zeitzeugen immer weiter abnimmt, werden diese geheimnisvollen Ziele in diesem Buch vorgestellt.

Sowohl das Entdecken als auch das Schreiben haben viel Spaß gemacht. Denn die Suche nach geheimen Orten fand in ganz unterschiedlichen und reizvollen Landstrichen Mecklenburg-Vorpommerns statt. Mal rauschten die Ostseewellen, mal verbreiteten versteckte Seen und dichte Wälder eine romantische Stimmung, oder alte Backsteinbauten erweckten ein ehrfurchtsvolles Gefühl. Die weite Aussicht über das flache Land ließ immer wieder allen Trubel vergessen.

Manchmal weckt schon ein kurioses Ortsschild wie hier auf der Halbinsel Zudar die Neugierde.

Die einstige »Landesirrenanstalt Neustrelitz« gehört zu den vielen Orten mit einer spannenden Vergangenheit.

Dass sich die einst mächtigen Staatsführer in den schönsten Gegenden ihre eigenen und abgeschotteten Refugien zum Erholen, Jagen oder für andere Annehmlichkeiten schufen, ist also nicht weiter verwunderlich. Die Militärs wiederum wählten für sich strategisch wichtige Standorte aus. Sie beschlagnahmten riesige Territorien, versteckten dort Raketen, Bomben, Flugplätze und Kasernen und gruben sich fürs angebliche Überleben im Inferno tief in die Erde ein. Vielerorts hat die Natur die einst nur für wenige Auserwählte reservierten Orte zurückerobert. Sie lässt Bunker von Steilküsten stürzen, Betriebsferienlager in sich zusammenfallen oder Spionagetunnel unter Erde und Bäumen verschwinden. An anderen Orten zeugen Kolosse, Schlösser oder ganze Siedlungen von einer Vergangenheit, die auf Anhieb nicht zu entschlüsseln ist.

Die einzelnen Kapitel lüften nicht nur die Geheimnisse dieser besonderen Orte, sondern verraten auch die genaue Anreise. Da es sich um einen »Ausflugsführer für die ganze Familie« handelt, fehlen auch Tipps für die Einkehr und weitere Erlebnisse in der Umgebung nicht. Dabei wird kein Anspruch auf Vollständigkeit erhoben. Insgesamt wurden für dieses

Die Abschreckung funktionierte bei solchen Schildern bis 1989 wie von selbst. Dieses Exemplar ziert heute einen Vorgarten in der Nähe der einstigen innerdeutschen Grenze.

Buch 27 Orte in Mecklenburg-Vorpommern ausgewählt. Da sich gerade militärische Bauten mitunter ähneln, stehen die hier vorgestellten Anlagen stellvertretend für weitere ihrer Art.

Nicht selten wird sich beim Lesen und beim Erkunden der Gebäude, Ruinen, Bunker und Areale ein großes Erstaunen einstellen. Wer weiß noch von dem »geschleiften« Dorf Lankow, das der Grenze zwischen Ost und West weichen musste, kennt die dunkle Vergangenheit der harmlos wirkenden Fachwerkhäuser in Alt Rehse oder hat schon von dem skurrilen Urlaubszeitvertreib der Familie Honecker auf der Insel Vilm gehört? Daneben finden Naturfreunde Tipps für die besten Beobachtungspunkte seltener Tierarten oder die erfolgreiche Bernsteinsuche an der Ostsee.

Die Vorschläge sollen den Ausflug oder Urlaub zu einer lebendigen Zeitreise machen und die Lust am Entdecken vergessener und geheimnisvoller Orte wecken. Dabei wünsche ich viel Freude.

Claus-Dieter Steyer

»Weiße Häuser« und »Neuberlin« in Rechlin

Wie vier Monster mitten im Wald

Die Wegbeschreibung zu den »Weißen Häusern«, auch »Neuberlin« genannt, endet am Rande von Mirow in der Nähe der Müritz. Dann kämen in Richtung Norden das kleine Dorf Granzow und danach ein großer Wald. Darin seien die »Weißen Häuser« versteckt. An mehr Details kann sich die freundliche Dame an der Kasse des Luftfahrttechnischen Museums in Rechlin nicht erinnern. Der letzte Besuch zusammen mit einer Gruppe liege schließlich schon einige Jahre zurück, entschuldigt sie sich. Es sei sogar fraglich, ob es die »Häuser« überhaupt noch gibt. Selbst nach dem Hinweis auf die Fotos in der Ausstellung, die mit ihren sonderbar klingenden Bildunterschriften das Interesse erst ausgelöst haben, bleibt sie skeptisch. Das Aufnahmedatum der Fotos liege doch ebenfalls schon eine Weile zurück.

Trotz dieser Einwände ist die Entdeckerlust längst geweckt. Eine Nachfrage im Dorf Granzow bringt zunächst keinen Erfolg, aber das Geheimnis soll sich ja erst im Wald dahinter verbergen. Es besteht hier zwar kein Fahrverbot für Autos, aber für die Suche im Wald eignet sich das Fahrrad ohnehin viel besser. Als Orientierung dient das Hinweisschild der Stiftung »Alte Fahrt – Leppiner Heide«, die hier einen schönen Rundwanderweg angelegt hat.

Unverhofft gelingt auf der Tour sogar noch ein ungewöhnlicher Schnappschuss. Das Ortsausgangsschild der winzigen Siedlung Teerofen kündigt in drei Kilometer Entfernung immerhin das »Niemandsland« an. Wie sich später herausstellt, entspringt dieser Name durchaus nicht der Fantasie eines Anwohners. Zwischen 1926 und 1945 gehörte das Südostufer der Müritz zur »Erprobungsstelle Rechlin«, auf der Flugzeuge, Hubschrauber, Fallschirme, Schleudersitze und andere Apparaturen sowie Bombenabwürfe erprobt wurden. Die ganz in der Nähe gelegenen Dörfer Schillersdorf und Qualzow mussten dafür auf Befehl der Nazis 1935/36 geräumt werden. Hier entstand also buchstäblich ein »Niemandsland«.

Hinter Teerofen kommt in den Wäldern rund um Rechlin tatsächlich nichts mehr, zumindest keine Siedlung.

Das erklärt auch die Hinweisschilder mit der Warnung vor einem »munitionsbelasteten Gebiet« entlang des ganz in der Nähe von Teerofen nach rechts abzweigenden Weges. Deshalb sollte dieser zunächst auch nicht verlassen werden. Erst an der darauffolgenden Kreuzung zweigt ein Weg nach rechts ab, von dem das Ziel der Suche schon auszumachen ist. Ein Pfad mit niedergetretenem Gras führt direkt an einen provisorisch anmutenden Schutzzaun.

Je mehr man sich den Bauten nähert, desto unheimlicher, bedrückender und rätselhafter erscheinen sie. Von »Weißen Häusern« oder gar »Neuberlin« kann jedenfalls nicht die Rede sein. Schwarz und grau ragen mitten im Wald vier Betonklötze in die Höhe. Trotz ihrer Bauzeit um 1941 haben ihnen die Witterung und der übliche Vandalismus nichts anhaben können. In den oberen Bereichen sind sogar noch Reste von Klinkern und Kacheln erkennbar, die möglicherweise einmal weiß gewesen sind.

Hinweis auf Welthauptstadt »Germania«

Normale Wohnhäuser sind hier nicht zu entdecken. Deshalb erscheint der Begriff »Neuberlin« für die Betonklötze auf den ersten Blick etwas befremdlich. Wie die Recherchen ergeben, handelt es sich bei den »Weißen Häusern« um für Testzwecke gebaute Bunker, wie man sie innerhalb von Wohnsiedlungen plante. Die Menschen hätten sich bei einem bevorstehenden

In solchen für Berlin geplanten Hochbunkern sollten Menschen bei Bombenangriffen Schutz finden.

Mitten im Wald testeten die Militärs die Standfestigkeit meterdicker Betonmauern.

Bombenangriff schnell von ihren Häusern oder Arbeitsstätten in einen Hochbunker begeben sollen, der aus mehreren übereinandergestapelten Schutzräumen bestand. Tatsächlich sind von außen noch Schächte und Reste von Stahlleitern erkennbar.

Da zu jener Zeit der Umbau Berlins zur Welthauptstadt »Germania« nach Plänen von Albert Speer bevorstand und teilweise schon begonnen hatte, könnten diese Hochbunker in der Abgeschiedenheit Rechlins für Berlin getestet worden sein. Dabei hat sich im allgemeinen Sprachgebrauch möglicherweise der Begriff »Neuberlin« eingebürgert.

In der Umgebung der Bunker gibt es weitere Zeugnisse für hier absolvierte Tests. Dazu gehören Bombenkrater, eine beschossene Betonwand sowie mehrere offenbar von der Artillerie zerstörte Betonplatten am parallel zu den »Weißen Häusern« verlaufenden Waldweg. Reste eines Absperrbandes deuten auf die Gefährlichkeit dieser Teile hin. Vor einiger Zeit erlitt eine Jugendliche hier einen schweren Unfall. Schon deshalb sollten die wackligen Platten nicht betreten werden. Sie wirken auch aus der Entfernung recht beeindruckend.

STECKBRIEF

Zwischen 1926 und 1945 diente die Region rund um Rechlin am Südostufer der Müritz als zentrale Erprobungsstelle für Luftfahrzeuge in Deutschland. Nach der Machtübernahme der Nazis 1933 entstanden für die vielen Techniker und Ingenieure im heutigen Rechlin-Nord und in Rechlin Siedlungen aus Einzel- und Doppelhäusern. Das ganze Areal umfasste schließlich eine Fläche von 190 Hektar, darunter die Flugplätze in Rechlin, Roggenthin und Lärz. In Retzow mussten am Ende des Krieges auch Frauen aus dem KZ Ravensbrück auf dem Flugplatz Lärz arbeiten. Alle Flugzeugentwicklungen waren den militärischen Interessen des Nazi-Regimes untergeordnet. Zu den Zeugnissen der damaligen Zeit gehören die im Volksmund als »Weiße Häuser« oder »Neuberlin« bezeichneten Hochbunker im Wald nördlich von Mirow. An ihnen sollte die Verwundbarkeit bei Bombenangriffen getestet werden. Zwischen 1945 und 1993 waren ein großer Teil des Geländes sowie der Flugplatz in Lärz von der Roten Armee besetzt.

Informationen

Luftfahrttechnisches Museum in Rechlin-Nord
www.luftfahrttechnisches-museum-rechlin.de

Anreise

Die »Weißen Häuser« befinden sich nördlich der Ortschaft Granzow bei Mirow. Am Ortsausgang folgt man dem Waldweg (Hinweisschild auf Stiftung »Alte Fahrt – Leppiner Heide«) rund 800 Meter bis zur Siedlung Teerofen. Dort zweigt ein Weg nach rechts ab, der sich nach gut 200 Metern an einer Schranke teilt. Der rechte Weg führt an Warnschildern vor »munitionsbelastetem Gebiet« vorbei zu den Hochbunkern, die sich rechter Hand befinden. Der nächste Abzweig nach rechts gewährleistet ein gefahrloses Annähern.

Erlebnismöglichkeiten

In Mirow lohnt sich ein Besuch der Schlossinsel mit einem Museum über die großherzogliche Vergangenheit. Auf dem Flugplatz Lärz besteht ein privates Museum, das sich der

Erprobungsstelle in Rechlin und der Präsenz der Roten Armee widmet. Im Außenbereich sind Flugzeuge und Hubschrauber zu sehen. Es ist von April bis Oktober täglich geöffnet (www.rlm-laerz.de).

Einkehr

Direkt am Museum in Rechlin befindet sich ein Fischimbiss am See.

→ Extra-Tipp

Die Kirche in Rechlin-Nord kann auf eine sehr bewegte Vergangenheit zurückblicken. Die Rote Armee nutzte sie ab 1945 als Munitionslager, die LPG als Getreidespeicher und die Schiffswerft als Leichtmetallglätterei, ehe die NVA daraus eine Sporthalle und ein Gerätelager machte. Erst 1996 konnte das Gebäude nach umfangreicher Renovierung vom Bund an die Mecklenburgische Landeskirche übergeben werden.

Domjüch

Gemalte Sehnsüchte von Rotarmisten in der ehemaligen Landesirrenanstalt

Das Gemälde mit dem am Ufer festgemachten Boot könnte irgendwo in der Mecklenburgischen Seenplatte entstanden sein. Auch die kleine Kirche, die niedrigen Bauernhäuser und die ungepflasterten Wege, die man auf dem Bild sieht, passen in die Gegend. Doch über den Dächern des Dorfes ragen schneebedeckte Berge in die Höhe, die nun ganz und gar nicht im Flachland rund um Neustrelitz zu finden sind. Nein, der Maler des Wandbildes hat mit Sicherheit seine ursprüngliche Heimat darstellen wollen. Die muss sich irgendwo in Georgien, im Kaukasus, auf der Krim oder in einer anderen südwestlichen Gegend der früheren Sowjetunion befunden haben. Hier hat ein einstiger Soldat oder auch Offizier der Roten Armee auf seine Weise die Erinnerung an seine Kindheit oder Jugend verarbeitet. Heute weist das Relikt auf die bewegte Geschichte der früheren »Landesirrenanstalt Domjüch« am Rande von Neustrelitz hin. »

Auf solchen Wandgemälden drückten sowjetische Soldaten in der früheren »Landesirrenanstalt« ihre Sehnsucht nach der Heimat aus.

Die meisten Gebäude in der Domjüch sind mehr als 100 Jahre alt. Dieser Bau von 1910 beherbergte in der ersten Etage einen großen Festsaal.

Zwischen 1945 und 1993 befand sich auf dem schon im Jahre 1902 eröffneten Areal eine große russische Garnison. Die Rote Armee hatte kurz vor dem Kriegsende 1945 die einst für die Heilung und Pflege von geistig und körperlich Behinderten erbauten Krankenhäuser sowie das Kessel- und Maschinenhaus, den fast 25 Meter hohen Wasserturm und die anderen Gebäude am Domjüch-See beschlagnahmt. Zu diesem Zeitpunkt lag das dunkelste Kapitel der unter den Namen Domjüch bekannt gewordenen Anstalt schon mehr als drei Jahre zurück. Von Ende 1939 bis August 1941 durchliefen Hunderte Patienten die Häuser als »Durchgangsstation« in den sicheren Tod. Die Nazis wollten sämtliche »Geisteskranke« als »unnütze Esser« liquidieren und setzten dafür eine regelrechte Tötungsmaschinerie in Gang, die unter dem Namen »Aktion T4« in den Geschichtsbüchern vermerkt ist. Damals entschieden Ärzte in einem Gebäude in der Berliner Tiergartenstraße meist nur anhand von Meldebögen der einzelnen Heil- und Pflegeanstalten über Leben und Tod der Insassen. Lediglich in Ausnahmefällen entkamen Patienten diesem mörderischen System, dem mindestens 70.000 Menschen zum Opfer fielen.

Vandalismus und Vernachlässigung haben seit Mitte der 1990er-Jahre zu erheblichen baulichen Schäden geführt, die ein rühriger Verein Schritt für Schritt beseitigen will.

Anschließend wurde in dem Gebäudekomplex eine Lungenheilanstalt für Tuberkulose-Kranke eingerichtet, bis zwei Jahre später die Rote Armee einmarschierte. Um sich in Sicherheit zu bringen, flüchteten die Insassen in Richtung Schwerin. Über ihr Schicksal ist nichts überliefert.

Ein Verein kümmert sich um den geheimnisvollen Ort

Ohnehin gibt die frühere Landesirrenanstalt erst nach und nach ihre Geheimnisse preis. Der »Verein zum Erhalt der Domjüch« bringt seit einiger Zeit buchstäblich Licht ins Dunkel der mitunter unheimlich wirkenden Räume. Führungen, eine Ausstellung und das Buch *Domjüch* von Christiane Witzke nehmen den zum Teil stark verfallenen Kranken- und Verwaltungshäusern ihren Schleier des Geheimnisvollen. Dazu kommen Kunstausstellungen und Konzerte, um die Domjüch und ihre bewegende Geschichte nicht in Vergessenheit geraten zu lassen. So gelingt es am besten, den Verfall und die Zerstörung zu stoppen.

Fast alle Wohnblöcke und Garagen aus der »russischen Zeit« sind längst verschwunden. Planierraupen und Bagger rissen sie nieder, um nicht zuletzt Platz für einen großen Ferienpark mit vielen Häusern und Freizeitanlagen zu schaffen. Doch aus den Plänen ist nichts geworden. So streifen Besucher heute bei regelmäßigen Führungen voller Neugierde durch die begehbaren Räume, die einst als Schlafsaal, Aufenthaltsort oder Speiseraum für die rund 200 Patienten der Landesirrenanstalt dienten. Ein unterirdisches Rohrsystem verband die einzelnen Häuser miteinander. Es ist bis heute teilweise begehbar. Die Sauna mit einem großen Tauchbecken und den erwähnten Wandmalereien zeugen dagegen von der Stationierung der Roten Armee.

Erst in jüngster Zeit lüftete der Domjüch-Verein die Geheimnisse der Kellergewölbe, in denen unter anderem Aufschriften wie »Moskva 84« und Reste von Losungen Lenins entdeckt worden waren. Sie dienten tatsächlich sowjetischen Soldaten als Unterkunft. Viele sollen in den 1980er-Jahren vom Afghanistan-Einsatz direkt nach Neustrelitz gekommen sein und hier unter teilweise unmenschlichen Bedingungen gelebt und geschlafen haben. Vielleicht sind deshalb die Erinnerungen an die Heimat so groß und detailreich auf den Wandgemälden festgehalten worden.

STECKBRIEF

1902 wurde am Rande von Neustrelitz die »Großherzoglich Mecklenburg-Strelitz'sche Landesirrenanstalt« eröffnet. Zwischen 1939 und 1941 diente die Anlage unter der menschenverachtenden NS-Ideologie als Durchgangslager für Hunderte geistig und körperlich behinderter Menschen auf dem Weg in den Tod. Danach richtete man hier eine Anstalt zur Heilung von Tuberkulosekranken ein, ehe die Rote Armee das Gelände von 1945 bis 1993 besetzte.

Informationen

Verein zum Erhalt der Domjüch: Tel. 0 39 81 / 20 61 95
www.domjüchsee.eu

Anreise

Von der B 96 (Umgehungsstraße) zweigt in Neustrelitz aus Richtung Berlin die Fürstenseer Straße nach rechts ab. Sie führt direkt bis zum Eingang der Domjüch.

Erlebnismöglichkeiten

Der Domjüch ist das westlichste Gewässer einer Seenkette, die zum Wandern, Radeln und im Sommer zum Baden einlädt.

Einkehr

Im Schlossgarten Neustrelitz empfiehlt sich die Einkehr im Orangerie-Restaurant. Direkt am See befinden sich schön gelegene Gaststätten mit Terrassen und Wasserblick.

→ Extra-Tipp

Nördlich von Neustrelitz hält das Schloss Hohenzieritz die Erinnerung an die berühmte preußische Königin Luise wach. Hier war sie 1810 verstorben. Weitere Informationen unter www.louisen-gedenkstaette.de

NS-Musterdorf Alt Rehse

Geheimnisvolle Botschaften an den Häusern künden von einer dunklen Vergangenheit

Ein Gerücht klingt unwahrscheinlicher als das andere. Einem zufolge sollen in dem von 25 Bunkern durchlöcherten Park jahrelang Chemiewaffen und Mittelstreckenraketen gelagert haben. Die Leute sagen auch, dass der See noch immer voller Torpedos aus dem Zweiten Weltkrieg sei. Oder dass der deutschen Ruderelite 1936 zur besseren Vorbereitung auf die Olympischen Spiele in Berlin hier ein komplettes Olympiadorf gebaut worden sei – mit allen denkbaren Raffinessen und optimalen Trainingsbedingungen. Angesichts dieser und vieler anderer geheimnisvoller Geschichten trägt der Ort einen vergleichsweise unscheinbaren Namen: Alt Rehse.

Aber auch ohne die zahlreichen Gerüchte ist das am schönen Tollensesee gelegene Dorf bei Neubrandenburg einzigartig in Deutschland. Dafür spricht schon die Tatsache, dass Ministerpräsidenten und Minister nach der politischen Wende 1989/90 einen großen Bogen um Alt Rehse machten. Obwohl sich die Politiker mit offiziellen Begründungen stets zurückhielten, liegt der Grund dafür auf der Hand: Fotos von ihnen, aufgenommen vor den Fachwerkhäusern des Ortes, sollte es besser nicht geben. Denn diese tragen geheimnisvoll anmutende Inschriften über den Türen und Fenstern. Da ist vom »Haus Rheinland, errichtet im 3. Jahre«, vom »Haus Hamburg, errichtet im 3. Jahre«, vom »Haus Berlin, errichtet im 3. Jahre«, vom »Haus München, errichtet im 3. Jahre«, vom »Haus Leipzig, errichtet im 3. Jahre« oder vom »Haus Schleswig-Holstein, errichtet im 4. Jahre« die Rede. Wer genau zählt, findet Inschriften auf insgesamt 22 gleichförmigen Einzel- und Doppelhäusern im Fachwerkstil und mit Rohrdächern.

Das Geheimnis lässt sich nach einem kurzen Gespräch mit den Bewohnern rasch lüften, wobei das Gehörte anfangs unglaublich klingt. Die Zählweise bezieht sich tatsächlich auf den Machtantritt der Nazis 1933. Die Gebäude sind Teil eines Musterdorfs der Nationalsozialisten und demnach zwischen 1935 (im dritten Jahr) und 1937 (im fünften Jahr) entstanden. Selbst die Kirche wurde im Inneren mit den Fachwerksteinen der

Die merkwürdige Zeitrechnung in den Inschriften bezieht sich auf den Machtantritt der Nazis.

Häuser verklinkert. Zu DDR-Zeiten hatte man die Inschriften entweder übertüncht oder zugenagelt. Erst nach der Wende setzten die Bewohner die Häuser originalgetreu instand – inklusive der merkwürdigen Inschriften. Der vor allem überregional geäußerten Kritik setzten die Alt Rehser selbstbewusst ihren Standpunkt entgegen, dass sie auf ihre Weise auf die deutsche Geschichte hinweisen und sie heute keineswegs als Nazi-Dorf gelten wollten.

Eine Ärzteschule im Dienste der Nazis

Doch nicht nur die Wohnhäuser in Alt Rehse tragen diesen ungewöhnlichen Baustil. In dem 60 Hektar großen und eingezäunten Park, der vom Dorfrand bis an das Seeufer reicht, stehen mehr als 20 größere, ähnlich aussehende Gebäude. Sie dienten ursprünglich nicht dem Wohnen hinter Fachwerkfassade unter dem Zeichen einer angeblich neuen Zeitrechnung. Hier war die »Führerschule der Deutschen Ärzteschaft« untergebracht. Ab 1935 wurden in den Gebäuden linientreue

Fachwerkstil und Rohrdächer prägen das einstige NS-Musterdorf am Tollensesee bei Neubrandenburg bis heute.

Mediziner in Euthanasie, Eugenik, Erbbiologie und zur Vernichtung angeblich unwerten Lebens ausgebildet. Martin Bormann, Leiter der Stabstelle des Hitler-Stellvertreters Rudolf Heß, stand dieser bis heute unfassbaren Schulungsstätte vor. Rund 12.000 Ärzte und Hebammen erlernten hier bis 1943 die Umsetzung der nationalsozialistischen »Rassenhygiene«, die allein in Deutschland und Österreich zur Ermordung von über 210.000 Menschen wegen ihrer geistigen Behinderung oder psychischen Erkrankung führte. 400.000 Männer, Frauen und Jugendliche wurden zwangssterilisiert, zahllose Menschen in medizinischen Versuchen missbraucht und getötet.

Gleichzeitig versorgte das Gut Alt Rehse die Reichskanzlei in Berlin und Hitlers Residenz auf dem Obersalzberg mit Fleisch, Obst und Gemüse. Zur Tarnung dieser Funktionen war wohl die Legende vom Olympiadorf der Ruderer gesponnen worden. Tatsächlich erhielt die »Ärzteschule« ein Sportstadion und eine Turnhalle in den olympischen Normen. Die Tribüne mit der historischen Uhrenfassade steht sogar noch, verfällt aber immer weiter. Aber Ruderer trainierten hier bestimmt nicht für die Olympiawettkämpfe im fernen Berlin.

In dem hinter Lüftungsrohren und Stahltor verborgenen Bunker sollte im Ernstfall eine Nachrichtenzentrale ihren Betrieb aufnehmen.

Von der Tribüne aus fällt der Blick bis auf den Tollensesee. Torpedos gab es hier tatsächlich einmal zur Genüge, als man im Zweiten Weltkrieg diese Waffen im See testete. Einige Überbleibsel der damaligen Anlagen ragen sogar stellenweise noch aus dem Wasser. Aber nach mehr als sechs Jahrzehnten finden sich gewiss keine Blindgänger mehr am Grund des Sees, zumindest nicht in der angeblich großen Zahl. Auf dem

Gelände selbst erinnert nicht viel an die brisante historische Geschichte des Areals im Nationalsozialismus. Die versteckt gelegene Ausstellung darüber befindet sich außerhalb des Parks in einem ehemaligen Institutsgebäude.

NVA-Bunker für den Ernstfall

An Land sind auch Relikte aus einer ganz anderen Geschichtsepoche zu erkennen. Aus der Erde ragende Lüftungsrohre weisen auf eine Bunkerlandschaft mit 25 unterirdischen Bauten auf der Fläche zwischen See und den ersten Häusern des Parks hin. Sie stammen aus der Zeit ab 1977, als hier die NVA und das Ministerium für Staatssicherheit das Sagen hatten. Für den Militärbezirk zwischen der Ostsee und Ost-Berlin hatte man an dieser Stelle für den Ernstfall eine Nachrichten- und Telefonzentrale eingerichtet. Ein Seekabel verband die Anlage mit dem Stasi-Bunker am gegenüberliegenden Ufer. Die große Geheimhaltung um die Bunker lieferte den Nährboden für Legenden und Gerüchte, wie jene von den Chemiewaffen und Mittelstreckenraketen. An ihnen war nichts dran, wie sich nach der Wende herausstellte.

Heute machen wieder Vermutungen über angebliche Geheimnisse die Runde. Im Jahre 2006 zog in den Park das alternative Wohnprojekt »Tollense Lebenspark« ein, das in einer Art Landkommune ein gemeinschaftliches Leben auf die Beine stellen wollte. Seit 2012 ermittelt die Staatsanwaltschaft gegen die Betreiber des Wohnparks wegen des Verdachts des Betrugs, der Untreue und der Insolvenzverschleppung. Mehrere Gläubiger hatten das Ausbleiben von Raten beklagt und eine Zwangsverwaltung beantragt. Diese erfolgte im Frühjahr 2013. Der private Eigentümer hat den Kaufvertrag annulliert und möchte das Gelände gern an eine Unternehmensgruppe aus Neubrandenburg verpachten, die unter anderem eine Schule für Kampfsport betreibt sowie Show-Events und Seminare anbietet. Es werden langwierige juristische Auseinandersetzungen befürchtet.

Alt Rehse bleibt ein ungewöhnliches und spannendes Dorf.

STECKBRIEF

Park und Gut Alt Rehse gehen auf Freiherr Ludwig von Hauff, einen Nachfahren des berühmten Märchendichters, zurück. Er baute 1898 das Schloss und legte den Grundstein für den Park. Das Gelände ging 1934 in die Verfügungsgewalt der SS über. Ein Jahr später eröffnete die »Führerschule der Deutschen Ärzteschaft«, in der Ärzte bis 1943 in Euthanasie und zur Vernichtung »unwerten Lebens« ausgebildet wurden. 1935 erfolgten der Abriss des alten Dorfes und der Neubau eines NS-Musterdorfes. Nach dem Kriegsende 1945 zogen in den Park nacheinander ein Kinderwaisendorf, ein Institut für Lehrerbildung, die Stasi, die NVA und zwischen 1990 und 1998 die Bundeswehr ein.
Nach der Wende wurden alle Ansprüche der Kassenärztlichen Vereinigung auf Rückgabe des Parks zurückgewiesen. Seit 2006 gehört das Gelände dem Wohnprojekt »Tollense Lebenspark«.

Informationen

Jeden Sonntag bot der »Tollense Lebenspark« bisher nach Anmeldung ab 14 Uhr eine Führung durch den Park an. Die Fortsetzung ist nach der Zwangsverwaltung allerdings fraglich.
Tel. 0 39 62 / 22 18 51, www.tollense-lebenspark.de
Die Ausstellung »Alt Rehse und der gebrochene Eid des Hippokrates« der Erinnerungs-, Bildungs- und Begegnungsstätte Alt Rehse e. V. über die Ärzteschule ist außerhalb des Parks mittwochs bis sonntags von 11 bis 17 Uhr (April bis September) und von 10 bis 16 Uhr (Oktober bis März) geöffnet.
www.ebb-alt-rehse.de

Anreise

Autofahrer erreichen Alt Rehse über Neustrelitz (B 96). Dort biegen sie auf die B 193 bis Penzlin ein, bis die B 192 in Richtung Neubrandenburg abzweigt. In Krukow beginnt die Landstraße nach Alt Rehse. Der nächstgelegene Bahnhof befindet sich in Neubrandenburg. Von dort führt ein rund 15 Kilometer langer Radweg nach Alt Rehse.

Erlebnismöglichkeiten

Der Tollensesee gehört zu den schönsten Seen zwischen Neustrelitz und Neubrandenburg. Es bestehen gute Bademöglichkeiten. Die Fahrgastschifffahrt bietet mehrere Routen an.

Einkehr

Am Ostufer des Tollensesees befindet sich das »Hotel Bornmühle«, das sich als »Revitalisierungszentrum für Körper, Geist und Seele« versteht. Das Feinschmeckerrestaurant »Lisette« bietet Kreationen der regionalen und internationalen Küche an.
www.bornmuehle.de

→ Extra-Tipp

Radfahrer können den Tollensesee auf einem 38 Kilometer langen Kurs umfahren, wobei es nicht an einigen steilen Hügeln fehlt. Das »Hotel Bornmühle« verleiht Räder, auch mit Elektroantrieb.

Drewitz

Honeckers Jagdresidenz mitten im Wald mit eigener Autobahnausfahrt

Gegen die Kraft der Natur hatte die geheime Abfahrt von der Autobahn keine Chance. Kiefern, Farne und dichtes Gestrüpp versperren heute die bis zum Herbst 1989 regelmäßig genutzte Ausfahrt auf Höhe des Kilometers 54 der Trasse A 19 zwischen dem Dreieck Wittstock und Rostock. So bedurfte es schon eines ausgeprägten biologischen Spürsinns, um im Wald noch den Weg zum kleinen Dorf Drewitz in der Mecklenburgischen Seenplatte ausfindig zu machen. Selbst Nachfragen in der Umgebung waren wenig erfolgreich. Es sei eben zu DDR-Zeiten alles geheim, verboten und abgeschirmt gewesen, so die Auskunft einiger älterer Bewohner der ohnehin wenigen Häuser in der Umgebung. Sie bestätigten aber das Gerücht, wonach die Ausfahrt nur Erich Honecker, Stasi-Chef Erich Mielke und anderen Mitgliedern der Partei- und Staatsführung sowie ab und zu den Gästen aus den »Bruderländern« vorbehalten gewesen sei.

Zu seinem 70. Geburtstag erhielt Erich Honecker diese pompöse Residenz inmitten der Mecklenburgischen Seenplatte.

Dieser kapitale Hirsch vor dem lange Zeit streng abgeschirmten Refugium bei Drewitz deutet auf die Jagdleidenschaft des Hausherren hin.

Das Ziel dieser ehemals hochrangigen Personen lag rund fünf Kilometer von der geheimen und zeitweise von Sicherheitsposten bewachten Autobahnausfahrt entfernt: die Jagdresidenz Drewitz. Von deren Existenz sollte die Öffentlichkeit aber ebenso wenig Bescheid wissen wie von der inzwischen fast vollständig überwucherten Straße. Dasselbe galt für alle

Erholungs- und Jagdhäuser der Führungselite, die sich abgeschottet in den landschaftlich reizvollsten Gegenden der ehemaligen DDR befanden.

So müssen heutige Besucher des einstigen Honecker-Refugiums den Umweg bis zur Ausfahrt Malchow der Autobahn A 19 nehmen. Dabei gilt es, eine weitere Besonderheit zu entdecken, die es in dieser Form nur in dem 1989 gestürzten System geben konnte. Denn die Fahrbahn beschreibt auf ihrem Kurs zwischen den Anschlussstellen Malchow und Linstow rund 60 Kilometer südlich von Rostock einen ungewöhnlich weiten Bogen. Dabei hätte sich eine schnurgerade Streckenführung angeboten. Die Straßenplaner mussten in den 1970er-Jahren jedoch besonderen Vorgaben folgen. Da östlich des Drewitzer Sees eben jene Residenz für Honecker gebaut werden sollte und sich hier obendrein ein großes Staatsjagdgebiet befand, war der Durchreiseverkehr unerwünscht. Und deshalb führt die Autobahn seit ihrer Eröffnung 1980 eben weit geschwungen am östlichen Ufer des Drewitzer Sees herum. Den DDR-Staatschef kümmerte der Umweg nicht. Er benutzte ja die eigene Autobahnabfahrt zu seinem ab 1982 pompös umgebauten Jagdsitz.

»Wir sprachen damals von der Grüneberg-Kurve«, sagt ein älterer Einwohner des Dorfes Nossentiner Hütte, »das war der Landwirtschaftsminister, der auch die Jagd regelte.« Da die Streckenführung der Autobahn heftig diskutiert wurde, sich aber niemand für einen öffentlichen Widerspruch hergeben wollte, hätte man eben nach einem Sündenbock Ausschau gehalten und sei auf Gerhard Grüneberg gestoßen. »Honecker-Kurve« wäre aus seiner Sicht auch ein passender Name gewesen. »Davor hatten die Leute aber zu viel Angst«, meint der Mann.

Über den wahren Grund für die aufwändige Planung wurde ohnehin kein Normalsterblicher informiert. 1982 wollte Stasi-Chef Erich Mielke Honecker zu dessen 70. Geburtstag ein besonderes Geschenk machen und kam auf die Idee, die bescheidene Jagdhütte am Drewitzer See für 40 Millionen Ostmark in eine repräsentative Residenz mit Suiten, Schwimmbad, Sauna, Terrasse über dem See, Bootshaus und anderen Möglichkeiten zur Freizeitgestaltung auszubauen.

Obwohl das fast wie ein Schloss anmutende Gebäude mit seinem dicken Reetdach wegen des verspäteten Einbaus der

Das zur Jagdresidenz gehörende Bootshaus bietet einen schönen Blick auf den Drewitzer See, um den extra die Autobahn herumgeführt wurde.

Schwimmhalle erst 1983 fertig wurde, fühlte sich Honecker in Drewitz offensichtlich sehr wohl. Gleich mehrfach im Jahr ging er von hier aus auf die Jagd, obwohl er ja auch in der näher an Berlin gelegenen Schorfheide regelmäßig seiner Leidenschaft frönte. Am Drewitzer See, so sagt man, haben auch Parteichefs der »kommunistischen Bruderländer« wie Ceauşescu aus Rumänien, Breschnew aus der Sowjetunion oder Schiwkow aus Bulgarien kapitale Hirsche erlegt.

Schon drei Tage nach dem Mauerfall im November 1989 erzwangen mehrere Dutzend Einwohner aus den angrenzenden Ortschaften die Öffnung des Tores an der Zufahrtstraße zur Jagdresidenz. Voller Neugierde, Empörung und Verwunderung machten sie sich wie andere vor ihnen in der gleichfalls abgeschirmten Politbürosiedlung bei Wandlitz oder in Erholungsheimen der Staatsbonzen auf Entdeckungssuche. Jahrzehntelang hatte keiner von ihnen einen Fuß auf das streng bewachte Areal gesetzt.

Nun sahen sie die Menschen den vorher nicht für möglich gehaltenen Luxus mit eigenen Augen, wobei sie ihren Protest mehr oder weniger lautstark äußerten. In den meisten

Fällen verließen die Neugierigen mit recht nachdenklichen Mienen das Gelände.

Man forderte, den inmitten schönster Natur gelegenen Gebäudekomplex der Öffentlichkeit zugänglich zu machen. Dem entsprach die anderswo viel gescholtene Treuhandanstalt umgehend, und das Christliche Jugenddorfwerk konnte hier benachteiligten Jugendlichen einige Jahre lang eine handwerkliche Ausbildung ermöglichen. Doch bald erwies sich die idyllische Lage der Residenz als Nachteil. Den Lehrlingen fiel die An- und Abreise auf der sieben Kilometer langen Asphaltstraße von Nossentiner Hütte bis zu Honeckers einstigem Refugium zunehmend schwer.

Honeckers Kutsche vor dem Eingang

1998 übernahm nach kurzem Leerstand der Bremer Investor Hans-Holger Hansen die Immobilie von der Treuhand. Er baute 22 Ferienhäuser in der Umgebung des Haupthauses und vermarktete sowohl die Natur als auch die Vergangenheit. »Ich halte nichts von Bilderstürmerei«, sagte der Unternehmer bei der Eröffnung im Jahre 2000. Er beließ die Jagdtrophäen an den Wänden, stellte Honeckers Jagdkutsche vor die Eingangstür und vermietete sogar eine Suite mit dem Porträt und dem Sofa des 1994 verstorbenen Parteiführers.

Aber die Konkurrenz von immer neuen Ferienhausanlagen in der Mecklenburgischen Seenplatte machte die Geschäfte immer schwieriger, sodass der Bremer mit dem geschichtsträchtigen Areal in Konkurs ging. Die holländische Van-der-Valk-Hotelgruppe, die im nahen Linstow ein Ferienresort betreibt, übernahm sowohl die Immobilien als auch die angehäuften Schulden. Bei einer Zwangsversteigerung Ende 2011 erhielt die Hotelgruppe für 3,4 Millionen Euro den Zuschlag für die komplette Anlage. Der Gast erlebt hier neuerdings Deutschlands erstes »Viverde«-Hotel, das sich vor allem auf ein ökologisch bewusstes Publikum eingestellt hat.

STECKBRIEF

1982 erhielt Erich Honecker zu seinem 70. Geburtstag von Erich Mielke ein besonderes Geschenk. Dieser hatte die ehemals bescheidene Jagdhütte in Drewitz zu einer pompösen Residenz mit Suiten, Bootshaus und Schwimmbad ausbauen lassen. Nach der Wende diente sie zunächst als Ausbildungsstätte, dann als Hotel. Heute gehört die Anlage zur holländischen Van-der-Valk-Gruppe.

Informationen

www.drewitzersee.vandervalk.de

Anreise

Honeckers ehemalige Jagdresidenz ist über die Ausfahrt Malchow der A 19 Berlin–Rostock zu erreichen. Von dort geht der Weg weiter in Richtung Teterow bis nach Nossentiner Hütte. Hier zweigt der rund 7,5 Kilometer lange Zufahrtsweg durch den Wald ab, der bis kurz vor den fischreichen See führt. Reisende aus Richtung Rostock nehmen die Ausfahrt Linstow.

Erlebnismöglichkeiten

Die Umgebung des Drewitzer Sees eignet sich für ausgiebige Wanderungen und Radtouren. Ganz in der Nähe führt der Radweg Berlin–Kopenhagen vorbei. In der Hotelanlage werden Ruderboote für eine Tour auf dem See ausgeliehen.

Einkehr

Wer nicht das Hotelrestaurant besuchen will, findet in der winzigen Siedlung Bornkrug eine schöne Einkehrmöglichkeit in der »Alten Poststation«.

→ Extra-Tipp

Im nahen Linstow dokumentiert ein einzigartiges Museum in einem Bauernhaus die Geschichte der Wolhyniendeutschen. Im 18. Jahrhundert hatten sich deutsche Handwerker in der Westukraine eine neue Existenz aufgebaut. Im Zweiten Weltkrieg mussten sie das Gebiet verlassen. Viele deutschstämmige Wolhynier siedelten sich in Linstow an (www.umsiedler-museum-wolhynien.de).

Schloss Speck

Ein stattlicher Jagdsitz einschließlich einer Kampfszene mit Keiler

Das größte Schloss im Nationalpark Müritz liegt versteckt hinter Mauern, Zäunen, Gestrüpp und großen Bäumen. Jedoch locken breite Lücken in der Absperrung und ein freier Zugang vom See aus immer wieder Neugierige an. Diese stehen dann oft fragend vor einem Ensemble mit einer geschwungenen Tordurchfahrt, einem Turm, langen Wohnflügeln und einer auf den ersten Blick seltsam wirkenden Skulpturengruppe auf der breiten Treppe. Ein bärtiger Athlet wehrt dort mit einer Lanze ein mächtiges Wildschwein ab. Zwei Jagdhunde haben sich in den Keiler verbissen, um ihn zu schwächen. Die Darstellung sagt nicht nur viel über die Ursprünge des Schlosses aus, das mitunter auch als Gut bezeichnet wird. Seinen erstaunlich guten Zustand verdankt es wohl seiner abgeschiedenen Lage und der oft strengen Bewachung. Das Schloss Speck inmitten einer intakten und reichen Natur birgt zweifellos viele Geheimnisse, und das bis in die Gegenwart.

Die Skulptur des kämpfenden Athleten an der Schlosstreppe überdauert seit 1931 die unterschiedlichen Eigentümer.

Die Abendsonne täuscht über den schlechten baulichen Zustand des gar nicht weit vom Müritzufer entfernten Schlosses hinweg.

Bis heute liefert der Bauherr von Schloss Speck – obschon 1959 verstorben – Stoff für Gerichte, Anwälte, Journalisten und Biografen in mehreren Ländern. Kurt Hermann, 1888 in Leipzig als Sohn eines Handwerkers geboren, stieg durch Heirat und anschließende Erbschaft in den 1920er- und 1930er-Jahren zu einem der reichsten Männer Deutschlands auf. Er besaß drei Flugzeugwerke, Fabriken, Verlagshäuser, eine Buchdruckerei, Aktiengesellschaften und landwirtschaftliche Güter. Bei der Machtübernahme durch die Nazis 1933 standen bei ihm mehr als 12.000 Frauen und Männer in Lohn und Brot. Im Umkreis der Müritz gehörten zu seinem Imperium die drei Rittergüter Federow, Schwarzenhof und Speck sowie in der Leipziger Umgebung das Gut Kobershain.

Nachdem Hermann das Gut Speck 1929 vom Land Mecklenburg erworben hatte, ließ er es zu einem repräsentativen Jagdsitz ausbauen, der im Volksmund schon bald als »Schloss« bezeichnet wurde. Für sein Segelboot ließ er sogar einen Kanal zur Müritz anlegen, den man aufgrund der großen Kosten wiederum »Millionärsgraben« nannte. Auf den Kanal griff zu DDR-Zeiten gern der Ministerratsvorsitzende Willi Stoph zurück. Von seinem Jagdsitz im Specker Horst gelangte der Politiker genau wie Hermann ganz bequem auf die Müritz.

Das Anfang der 1940er-Jahre angelegte Wildgatter – mit rund 7.000 Hektar das größte seiner Art in der ganzen Region – existierte zu Stophs Regentschaft an der Müritz nicht mehr. Hier machte Hermann erfolgreich sogar auf Wisente und Elche Jagd, wozu er auch Nazi-Größen wie den Feldmarschall Hermann Göring einlud. Dieser hatte ihn 1938 zum Preußischen Staatsrat ernannt.

Die Dimensionen des Anwesens passen zwar nicht in die Umgebung an der Müritz, aber sehr wohl zum Nazi-Günstling Kurt Hermann.

Ein Pass in Liechtenstein reichte nicht

Doch nicht nur dieser Umstand beschäftigte 1990 nach der deutschen Wiedervereinigung die Gerichte. Die Erben des 1959 verstorbenen Unternehmers verlangten die komplette Rückgabe der 1945 im Osten enteigneten Besitztümer, einschließlich des Schlosses in Speck. Dabei beriefen sie sich auf ein Dokument aus dem Jahre 1931. In jenem Jahr hatte Kurt Hermann die Staatsbürgerschaft von Liechtenstein erworben. Der Argumentation der Erbengemeinschaft zufolge würde ihn allein dieser Umstand als Gegner der Nazis ausweisen. Da die angeführten Beweise nicht ausreichten, wiesen die angerufenen Gerichte die Forderungen zurück. In der Urteilsbegründung hieß es, dass Hermann ein Förderer und Günstling des Nazi-Regimes gewesen sei.

Während sich der Schlossherr Hermann kurz vor Kriegsende 1945 ins sichere Liechtenstein absetzen konnte, nahm die Entwicklung in Speck einen ähnlichen Verlauf wie an so vielen Orten der Sowjetischen Besatzungszone. Zuerst zog eine Kommandantur der Roten Armee in die Räumlichkeiten, darauf folgten Flüchtlinge aus den ehemaligen deutschen Ostgebieten, später nahm die Forstverwaltung hier ihren Sitz. 1954 entdeckte das Innenministerium die herrliche Lage des Schlosses für sich und machte daraus ein Erholungsheim für die Grenzpolizei. Bis 1990 beanspruchte schließlich die Nationale Volksarmee das Anwesen. Aus dieser Zeit stammen die Kasernengebäude vor der Schlossmauer.

Nach der politischen Wende arbeitete hier bis 1998 die Verwaltung der neu gegründeten Nationalparks in Mecklenburg-Vorpommern. Danach fiel das Schloss in einen sprichwörtlichen Dornröschenschlaf. Zwar ging es in den Besitz eines Unternehmers aus Berlin über, dieser lieferte sich jedoch einen jahrelangen Rechtsstreit mit der Leitung des Nationalparks Müritz über den öffentlichen Zugang zum Specker See. Den wollten die Naturschützer unbedingt erhalten. Der Eigentümer erhielt Recht, wenn auch erst spät. Allerdings verzögern sich die geplanten Investitionen, und noch immer hat die Umgestaltung zu einem Hotel der gehobenen Luxusklasse nicht begonnen.

STECKBRIEF

Das Schloss Speck wurde zwischen 1929 und 1937 im Auftrag des Nazi-Günstlings Kurt Hermann errichtet. Dieser nutzte es als Jagdresidenz und empfing hier zahlreiche Gäste. Nach dem Kriegsende diente das Anwesen als Kommandantur, Flüchtlingsunterkunft und später als Erholungsheim für Offiziere. Zwischen 1991 und 1998 nutzte das Nationalparkamt das Anwesen als Verwaltungssitz. Danach wurde es an einen Privatunternehmer verkauft, der hier ein gehobenes Hotel errichten will.

Informationen

www.gutshaeuser.de

Anreise

Speck ist von Waren (Müritz) aus über Schwarzenhof zu erreichen. In der Saison von Mai bis Oktober verkehrt vom Warener Busbahnhof der Nationalparkbus in den 40-Einwohner-Ort. Fahrräder können mitgenommen werden.

Erlebnismöglichkeiten

Der Müritz-Nationalpark wird von einem mehrere Hundert Kilometer langen Rad- und Wanderwegenetz durchzogen. In der Nähe von Speck steht auf dem Käflingsberg ein 31 Meter hoher Aussichtsturm, der einen weiten Blick über die Landschaft ermöglicht.

→ Extra-Tipp

Im Specker Horst in Richtung Ostufer der Müritz befand sich einst das Jagdanwesen des DDR-Ministerratsvorsitzenden Willy Stoph. Heute erinnert daran lediglich ein Aussichtsturm auf der ehemaligen Zufahrtsstraße. Das Anwesen mit einer Gärtnerei wurde auf Druck der Einwohner abgerissen. Heute verläuft durch die einstige Birkenheide von Waren nach Boek einer der schönsten Radwege im Nationalpark. Nach Speck zweigt davon ein ausgeschilderter Pfad ab.

Jagdschloss Waldsee

Stasi-Chef Mielke ließ sich ein pompöses Haus mit Seezugang, Sauna und Bunker bauen

Der Name »Reethaus« klingt harmlos und wenig geheimnisvoll. Dennoch fällt das zweistöckige Gebäude inmitten der Feldberger Seenlandschaft bei Neustrelitz nicht nur optisch aus dem Rahmen. Seine Architektur mit dem geschwungenen Rohrdach würde eher an die Ostseeküste Mecklenburg-Vorpommerns passen. Die Bezeichnung »Reet« wird fast ausschließlich an der deutschen Nordseeküste verwendet. Dieser Lapsus allein weckt jedoch nicht das Interesse der Entdecker. Das wird durch einen Namen ausgelöst: Erich Mielke.

Der Chef des weithin gefürchteten Ministeriums für Staatssicherheit hatte sich in der Abgeschiedenheit der dünn besiedelten Landschaft der nördlichen Uckermark, die heute von der Landesgrenze zwischen Brandenburg und Mecklenburg-Vorpommern durchzogen wird, 1984 ein durchaus pompöses Refugium bauen lassen. Da es heute zum Hotel und Ferienpark »Jagdschloss Waldsee« gehört, bietet sich jedem die Chance,

Stasi-Chef Erich Mielke ließ es sich in diesem versteckten Ferienhaus in der Feldberger Seenlandschaft wohl ergehen.

Normalsterblichen blieben viele landschaftlichen Schönheiten wegen der großen Sperrkreise rund um die Funktionärsresidenzen verwehrt.

sich einmal ganz offiziell und legal in die Zeit vor 1989 zurückzuversetzen und die Privilegien der »Partei- und Staatsführung« unmittelbar kennenzulernen. Denn trotz einiger Modernisierungen hat sich die Raumaufteilung im Innern des »Reethauses« nicht verändert. In der Hotelbroschüre ist von der Vergangenheit allerdings nicht die Rede. Dort liest man nur von einem Haus mit einer 180 Quadratmeter großen Wohnfläche, Platz für 16 bis 18 Personen, einem eigenen Zugang zum See mit separatem Steg, einer Saunaanlage für 6 Personen und einem großen überdachten Grillplatz.

Bunkereingang unter dem Grillplatz

Dem aufmerksamen Gast fallen natürlich einige Besonderheiten ins Auge, auch wenn er im Prospekt oder auf der Internetseite des Hotels nicht ausdrücklich auf die Vergangenheit hingewiesen wird. Da wäre zum Beispiel der hohe Zaun mit Stacheldraht im oberen Bereich der Anlage, der offensichtlich nicht aus der Gegenwart stammt. Auch ein hölzener

Unter diesen Brettern verbarg sich ein für den Ernstfall konstruierter unterirdischer Befehlsstand.

Fußbodeneinsatz in der Grillhütte vor dem »Reethaus« wirft einige Fragen auf. Tatsächlich kann man durch die Bretterspalte eine Treppe erkennen, die in die Tiefe führt. Der anschließende Blick in diverse Zeitungsarchive fördert sogar einen weiteren Befund über das »Jagdschloss Waldsee« zutage: Es soll sich bei dem unterirdischen Bau sogar um einen Atombunker handeln. Allerdings stammen die meisten Berichte darüber aus dem Jahr

2002, als das nach der Wende hier eröffnete Hotel versteigert wurde. Damals war offenbar wenig über die Geschichte des Ortes bekannt und ein vermeintlicher Atombunker machte sich in der Berichterstattung gut.

Eine Befragung von Zeitzeugen in der Umgebung ergibt, dass die Nationale Volksarmee (NVA) hier keinen Atombunker, sondern lediglich einen unterirdischen Befehlsstand angelegt hatte. Im Ernstfall eines Krieges hätte die NVA für den dann hier möglicherweise gerade zur Erholung oder zur Jagd anwesenden Stasi-Minister Mielke mit mobiler Übertragungstechnik in kürzester Zeit eine Führungsstelle einrichten können.

Der Abstieg in den Bunker ist heute nicht mehr möglich. Aber seine Existenz verweist auf die ständige Furcht der Funktionäre vor einer Zuspitzung der Weltlage. Auch wenn solche Bauten nur noch in Resten vorhanden sind, verhindern sie das völlige in Vergessenheit geraten des Kalten Krieges.

Das Jagdschloss selbst, zwischen 1899 und 1900 vom späteren Großherzog von Mecklenburg-Strelitz, Adolf Friedrich V. errichtet, diente dem Ministerium für Staatssicherheit schon seit 1959. Die Beamten wollten sich hier von ihrem Dienst erholen. In einigen Unterlagen findet sich der heute kaum noch gebräuchliche Begriff »Genesungsheim«. Nachdem die Familie des Großherzogs nach Kriegsende 1945 enteignet worden war, diente das Anwesen als Lehrlingswohnheim. Die originale Ausstattung ging in den Nachkriegswirren verloren.

Unangetastet blieb dagegen die Umgebung des Jagdschlosses. Das schon zu Großherzogs Zeiten eingerichtete »Lüttenhägener Wildgatter« gehörte mit seiner 6.000 Hektar großen Fläche zu den größten seiner Art in ganz Mecklenburg. Daran änderten auch die politischen Umwälzungen nichts. Stasi-Chef Mielke gehörte zwar nicht zu den leidenschaftlichsten Jägern im SED-Politbüro, aber er ließ es sich bei der Jagd oder vielleicht auch danach durchaus gut gehen. Außerdem eignete sich die abgeschiedene Lage perfekt für Gespräche in höchster Geheimhaltung. Selbst der Chef der Hauptabteilung Aufklärung des Stasi-Ministeriums, Markus Wolf, soll mehrfach hierhergekommen sein. So erzählt man es sich jedenfalls rund um das Jagdschloss mit Mielkes ehemaligen »Reethaus«, »Reedhus« oder »Rohrhaus«.

STECKBRIEF

Das mit dunklem Holz verkleidete »Jagdschloss Waldsee« war 1900 im Auftrag des Mecklenburg-Strelitzer Erbgroßherzogs Adolf Friedrich V. fertiggestellt worden. Zu DDR-Zeiten entstanden auf dem ab 1959 als Erholungsstätte genutzten Areal eine Gaststätte, eine Kegelbahn, ein Bettenhaus und Bungalows. In der Nachbarschaft steht seit 1984 das für den Stasi-Chef Erich Mielke gebaute »Reethaus«, vor dem sich Reste eines unterirdischen Befehlsstandes befinden.

Informationen

www.jagdschloss-waldsee.de

Anreise

Zwischen Neustrelitz und Feldberg zweigt von der Landstraße eine kleinere Straße in Richtung Lychen ab. In Höhe des Sägewerks Koldenhof beginnt die Zufahrt zum Jagdschloss. Von Feldberg ist der Weg über Lüttenhagen ausgeschildert.

Erlebnismöglichkeiten

Die ganze Umgebung eignet sich für ausgiebige Wanderungen. Ganz in der Nähe (bei Lüttenhagen) befinden sich die »Heiligen Hallen« mit jahrhundertealten Buchen.

Einkehr

Auf dem Hotelgelände befindet sich ein empfehlenswertes Restaurant mit einer guten Küche.

→ Extra-Tipp

Südlich von Feldberg steht in Carwitz das ehemalige Wohnhaus von Hans Fallada, das zum Museum umgestaltet worden ist. Mithilfe eines Audio-Guides können sich Besucher in das bewegte Leben des Schriftstellers hineinversetzen und den Rundgang auch im großzügigen Garten fortsetzen.

Heeresversuchsanstalt Peenemünde

Tunnel eines »Geisterbahnhofs« erinnert an S-Bahn-Verkehr zur Raketenschmiede

Ein guter Kontakt zu Tauchern oder Anglern würde die Erkundung des versteckten Bahnhofstunnels an der Nordspitze der Insel Usedom zweifellos erleichtern. Denn wo einst jeden Tag Hunderte Menschen ein-, aus- und umstiegen, steht jetzt mindestens hüfthoch das Wasser. In einem Taucheranzug oder zumindest in einer Wathose, in der sich Angler sogar in seichte Tiefen begeben, wäre eine spannende Spurensuche jedenfalls ohne Bedenken möglich. Äußerlich macht das Bauwerk auf den ersten Blick einen recht intakten Eindruck. Das ist mindestens genauso überraschend wie die ganze Existenz dieser Überbleibsel des fast vergessenen Bahnhofs »Karlshagen Siedlung«. Denn niemand dürfte diesen Tunnel, der vier Gleise und drei Bahnsteige unterquerte und heute von der eingleisigen Usedomer Bäderbahn ohne Halt passiert wird, jemals wieder gebrauchen.

Nur der Tunnel erinnert noch an die einstige Bahnstation.

Das Museum auf dem Gelände der früheren Heeresversuchsanstalt zeigt auch einen Zug der Peenemünder Werkbahn.

Zum Glück für alle Entdecker kam bis jetzt aber niemand auf die Idee, den mit Gittern nur provisorisch abgesperrten Tunnel zuzuschütten oder ganz abzureißen. Und so macht der Geisterbahnhof bis heute auf die Dimensionen des wahnwitzigsten Rüstungsprojekts der Nazis aufmerksam.

Im heute recht beschaulichen Karlshagen wohnte ein großer Teil der Wissenschaftler und Produktionsarbeiter, die auf dem streng abgeschirmten Gelände in Peenemünde ab 1936 Flugbomben und Raketen als Kampf- und sogenannte Vergeltungswaffen entwickeln sollten. Außerdem befand sich in der Nachbarschaft ein Arbeitslager, in dem vor allem KZ-Häftlinge eingepfercht waren. Der jetzt nur vom Radweg zwischen Karlshagen und Peenemünde in Relikten noch zu entdeckende Bahnhof diente vor allem zum Umsteigen von den hier endenden Personenzügen der Deutschen Reichsbahn in die Werkbahnen zu den einzelnen Abteilungen der Heeresversuchsanstalt und zum Hafen von Karlshagen. Diese ähnelten im Aussehen den Zügen der Berliner S-Bahn, wie ein auf dem Peenemünder Museumsgelände ausgestellter Zug beweist. Nach dem Ende des Zweiten Weltkriegs war dieser

Die Hinweisschilder zeugen von der ungewöhnlichen Historie des Areals an der Nordspitze Usedoms.

über Umwege nach München gelangt, gehörte lange zum Bestand der Isartalbahn und kehrte in den 1990er-Jahren nach Usedom zurück.

Die Werkbahn hatte im Juli 1937 den Verkehr aufgenommen, ab April 1943 fuhr sie mit elektrischem Antrieb aus Oberleitungen. Wie aus alten Fahrplänen hervorgeht, ging es in dem 1942 fertiggestellten Bahnhof durchaus lebhaft zu. Zu den Schichtwechseln verkehrten die Werkbahnen im Abstand von fünf bis zehn Minuten. Die Benutzung der Züge war für Betriebsangehörige kostenlos. Betriebsfremde durften die Bahnen wegen des militärischen Sperrgebiets gar nicht benutzen.

Ein Bahnhof für eine Stadt mit 16.000 Einwohnern

Der auf den beiden Seiten von einem Bahnhofs- und einem Verwaltungsgebäude flankierte Tunnel hatte für die Einwohner von Karlshagen im Laufe des Krieges auch eine lebensrettende Funktion. Hier suchten sie vor den Bombenangriffen der Alliierten auf die Heeresversuchsanstalt Schutz. Im August 1943

Das originale Bahnhofsschild der nicht mehr existierenden Station wird heute im Historisch-Technischen Museum Peenemünde gezeigt.

waren bei einer Bombardierung rund 800 Menschen getötet worden, die meisten von ihnen waren KZ-Häftlinge, Kriegsgefangene und Zwangsarbeiter. Die Luftangriffe veranlassten die Nazi-Spitze später, die Heeresversuchsanstalt in den Schacht Mittelbau-Dora bei Nordhausen zu verlegen. Damit hatten sich auch die Pläne zerschlagen, in Trassenheide bei Karlshagen eine Wohnsiedlung für 16.000 Menschen zu bauen.

Die sowjetischen Besatzungstruppen ließen zunächst alle Bahnen als Reparationsleistung in ihre Heimat überführen. In den 1950er-Jahren kehrten mehrere Exemplare nach Berlin zurück und wurden im S-Bahn-Netz eingesetzt. Auf Usedom übernahmen Dampflokomotiven den Verkehr, Peenemünde allerdings blieb für Zivilisten auch weiterhin tabu. Das ganze Areal bis zur Küste wurde zum militärischen Sperrgebiet erklärt.

Unweit des über 100 Meter langen Bahnsteiges fast mitten Wald findet sich noch ein weiteres Zeugnis für den früheren Zugverkehr. In Richtung Peenemünde stehen noch fast vollständig erhaltene Betonrampen, die dem Ausladen und der Lagerung unter anderem von Sandmassen für die Raketentests dienten. In der Nähe lag die Raketen-Fertigungsstelle F 1, in der auch KZ-Häftlinge eingesetzt wurden.

Römischen Aquädukten ähneln die in den Peenewiesen stehenden Reste von oberirdischen Bunkern der Raketenversuchsanlage.

STECKBRIEF

In der Heeresversuchsanstalt Peenemünde gelang 1942 mit dem weltweit ersten Start einer Rakete ins All eine der spektakulärsten, aber auch eine der militärisch gefährlichsten technischen Erfindungen des 20. Jahrhunderts. Nur dank des massiven Einsatzes von Zwangsarbeitern, KZ-Häftlingen und Kriegsgefangenen wurde im Norden der Insel Usedom für den Größenwahn der Nazis ein riesiges Gelände mit Anlagen und Fertigungsstätten gebaut. Das Kraftwerk beherbergt heute das Historisch-Technische Museum mit Dokumenten, Originalteilen, Zeitzeugeninterviews und Modellen. Auf dem Freigelände vor dem Gebäude steht ein Originalzug der Peenemünder Werkbahn.

Informationen

Tel. 03 83 71 / 50 50, www.peenemünde.de

Anreise
Die Züge der Usedomer Bäderbahn fahren von Zinnowitz bis Peenemünde. Autofahrer nutzen die Landstraße 264 von Wolgast (Autobahnausfahrt Gützkow der A 20) bis zum Museum.

Erlebnismöglichkeiten
In Peenemünde geht es nicht nur um die Geschichte der Heeresversuchsanstalt. In der Nachbarschaft gibt es ein Spielzeugmuseum, das Museum über naturwissenschaftliche Phänomene und ein sowjetisches U-Boot aus den 1950er-Jahren.

Einkehr
Am Hafen erwarten mehrere Gaststätten und Kioske ihre Gäste.

➔ **Extra-Tipp**
Für die Erkundung von Peenemünde empfiehlt sich die Nutzung des Fahrrades. Viele Wege gerade in den Peenewiesen hinter dem Deich sind für Autos gesperrt. Dort erinnern die Überbleibsel der gesprengten Bunker zur Lagerung gefährlicher Güter an römische Äquadukte. Fahrräder können dank des Netzes des Anbieters »Usedom-Rad« jederzeit in der Nähe des Museumseingangs ausgeliehen und wieder abgestellt werden (Handy und Kreditkarte erforderlich).

Am leichtesten gelangen Radfahrer auf der vor einigen Jahren eingerichteten Route durch die Denkmallandschaft Karlshagen-Peenemünde durch das weitläufige Gelände der ehemaligen Heeresversuchsanstalt zum »Geisterbahnhof«. Je nach Entdeckerlust dauert der Ausflug zwischen einer und drei Stunden. Zahlreiche Infotafeln, von denen einige etwas unter der Witterung gelitten haben, führen den Radler durch das lange Zeit abgesperrte Areal. An der Strecke liegen das Museum, die Bunker in den Peenewiesen, das Klärwerk, der Flugplatz, die Kapelle, das Ehrenmal in Karlshagen und der ehemalige Bahnsteig für das Werk Ost der Versuchsanstalt.

Greifswalder Oie

Zwischen Abschussrampen, Grenzbrigade und wilder Ponyherde

Eine Ponyherde schaut für gewöhnlich nicht aus den Fenstern eines alten Hotels ins Freie, zumindest nicht aus dem ersten Stock. Doch genau dieser ungewöhnliche Anblick bot sich im Jahre 1993 den Mitgliedern des Naturschutzvereins Jordsand bei ihrem ersten Besuch auf der Ostseeinsel Greifswalder Oie. Die hier einige Zeit zuvor wegen ihrer Fresslust als »natürliche Rasenmäher« angesiedelten Shetlandponys waren in der Umbruchszeit nach 1989 sich selbst überlassen worden. Sie hatten sich auf der nur anderthalb Kilometer langen und maximal 570 Meter breiten Insel nicht nur unkontrolliert vermehrt, sondern auch den alten »Inselhof« in Beschlag genommen. Und das ist nur ein Vorgeschmack auf die spannende Geschichte des rund zwölf Kilometer vor der Nordspitze Usedoms gelegenen Eilands.

Heute gibt es hier weder ein Hotel, nicht einmal eine Gaststätte, noch springen Ponys wild umher. Mit etwas Glück kann

Mitte der 1930er-Jahre beschlagnahmte das Militär die Insel Greifswalder Oie, um hier Raketen starten zu lassen.

Zur Freude der Touristen schwimmen regelmäßig Robben von Schweden bis zur Greifswalder Oie.

man höchstens weidende Heidschnucken entdecken. Die Tiere werden allerdings von den wenigen menschlichen Bewohnern der Oie betreut. Dabei handelt es sich um Mitstreiter des erwähnten Jordsand-Vereins, der hier Deutschlands größte Vogelberingungsstation betreibt. Mit großen Netzen fangen sie rastende Zugvögel, um ihnen einen kleinen Metallring mit den wichtigsten Erkennungsdaten um die dünnen Beine zu legen. In wechselnder Besetzung hat es die vorwiegend junge Truppe geschafft, den bereits 1937 geschlossenen »Inselhof« als Stützpunkt und Anlaufstelle für die maximal 50 Tagesgäste im Sommer wiederherzurichten.

Die Gäste erhalten während des gut einstündigen Aufenthaltes nicht nur einen Einblick in die reiche Flora und Fauna der Oie, sondern entdecken auch geheim gehaltene Relikte aus der deutschen Geschichte. Den besten Überblick darüber verschafft man sich vom fast 37 Meter hohen und 1855 in Betrieb genommenen Leuchtturm. Wie einer kleinen Ausstellung im Inneren des Turmes zu entnehmen ist, reicht das ausgestrahlte Licht rund 50 Kilometer weit. Kein anderer Turm in Mecklenburg-Vorpommern hat diese Leuchtkraft.

Diese Gebäude wurden von der Grenzbrigade Küste genutzt, die Fluchten von DDR-Bürgern über die Ostsee vereiteln sollte.

Die Aussicht reicht bis zur Insel Rügen, mit der das »Helgoland der Ostsee« sogar einst über einen Tunnel verbunden gewesen sein soll. Da die Recherchen hierzu allerdings erfolglos blieben, dürfte das vermeintliche Bauwerk wohl im Reich der Legenden anzusiedeln sein.

Real sind dagegen Reste von Bauten, die der Eroberung des Himmels dienten. Vom Leuchtturm aus kann man betonierte Flächen erkennen, auf denen einst Beobachtungstürme und -bunker sowie Startplätze von Raketen standen. Zwischen 1937 und 1944 gehörte die Oie zur Heeresversuchsanstalt (HVA) im nahen Peenemünde. Sowohl die günstige geografische Lage zur offenen See als auch die perfekten Bedingungen zur Abschottung gegen ungebetene Gäste führten zu rund drei Dutzend Versuchen mit Raketen unterschiedlichen Typs, die später als »Vergeltungswaffen V1 und V2« Eingang in die Geschichtsbücher fanden. Alte Lorenbahngleise dienten zum Transport der Aggregate zu den Startplätzen, wobei die Pferde des »Inselhofes« beim Ziehen der schweren Objekte auf den Schienen halfen. Im Museumshafen von Wolgast liegt noch die alte Eisenbahnfähre, die zu

HVA-Zeiten zwischen Peenemünde und der Oie pendelte. Sie brachte auch Teile der Flugabwehrrakete »Wasserfall« zu den Teststationen. Das System wurde nach Kriegsende in den USA weiterentwickelt.

Grenzbrigade Küste im »Inselhof«

Viele Spuren dieser Vergangenheit lassen sich nicht mehr finden. Das liegt vor allem an der bewegten Geschichte nach Kriegsende. Die Rote Armee sprengte 1945 nach der Besetzung der Insel viele Gebäude der HVA. Sie richtete eine Beobachtungsstation ein, die 1957 von den DDR-Marinestreitkräften übernommen wurde. Ab diesem Zeitpunkt dufte kein Ausflügler die Insel mehr betreten. Die Luftstreitkräfte kontrollierten mit Radaralagen den Luftraum. Die Restriktionen wurden nach dem Mauerbau 1961 sogar noch verschärft. Von nun an diente der ehemalige »Inselhof« der Grenzbrigade Küste als Unterkunft, um von der Insel aus jegliche Fluchtversuche aus der DDR über die Ostsee zu unterbinden.

Nach der Grenzöffnung 1989/90 setzte hier eine turbulente, von fehlender Kontrolle geprägte Zeit ein. Bootstouristen brachen in die Gebäude ein und nahmen Quartier. Überall lag Müll herum. Viele mehr oder weniger ernst gemeinte Ideen für die Zukunft der Insel machten die Runde. So plante ein belgischer Unternehmer tatsächlich einen Friedhof für Nazi-Größen, die hier eine letzte Ruhestätte finden sollten. Erst die Absperrung zugunsten des Naturschutzes gab der Oie wieder ihre Ruhe zurück.

STECKBRIEF

Die Greifswalder Oie liegt zwölf Kilometer vor Usedom und ist etwa 1.550 Meter lang, maximal 570 Meter breit und im Kliff auf der Ostseite maximal 19 Meter hoch. Die ganze Insel ist ein Naturschutzgebiet und diente zwischen 1937 und 1945 der Heeresversuchsanstalt Peenemünde als Startplatz von Raketen. Heute wird sie vom Naturschutzverein Jordsand betreut.

Anreise

In den Sommermonaten werden Ausflüge mit Fahrgastschiffen von Usedom aus (Apollo-Fahrgastreederei) angeboten. Die Gäste halten sich rund anderthalb Stunden auf der Oie auf, können wandern und den Leuchtturm besteigen.

Einkehr

Auf der Insel gibt es keine Versorgungsmöglichkeiten.

→ Extra-Tipp

Auf der Insel können regelmäßig Robben beobachtet werden. Sie bevorzugen die Hafeneinfahrt und stammen von einer eigentlich vor der nördlichen schwedischen Ostseeküste beheimateten Population ab.

Der Ruden

Ein Messturm für die Peenemünder Raketen

Der große Hafen passt nicht zu der winzigen Insel. Schließlich leben auf dem 2,2 Kilometer langen und maximal 390 Meter breiten Ruden nur zwei Menschen. Auch der in den Sommermonaten vom lediglich zwei Kilometer entfernten Peenemünde startende Fischkutter voller neugieriger Touristen würde mit einer kleineren Anlegestelle auskommen; die Zahl der hier vor Anker gehenden Segler hält sich ohnehin in Grenzen. Das ist nicht verwunderlich, denn auf dem Eiland gibt es keine Einkehr-, Einkaufs- oder gar Übernachtungsmöglichkeiten. Da kann der Reisende also gleich zu den Inseln Usedom oder Rügen weiterfahren. Gern erzählt man sich übrigens auf Rügen die Geschichte, wonach in längst vergangener Zeit ein Tunnel unterm Meeresboden zum Ruden geführt haben soll. Zwar ist das nur eine Legende; der überdimensionierte Hafen jedoch ist schon im Reich der Geheimnisse anzusiedeln.

Geheimnisvoll wird es schon eine ganze Weile vor dem Anlegen auf dem Ruden. Die Umrisse eines großen Turms, zunächst nur in der Ferne zu erkennen, werden beim Näherkommen immer deutlicher. Hatte er beim Blick über die Ostseewellen noch etwas sonderbar angemutet, wirkt er aus der Nähe betrachtet recht unheimlich. Dieser Eindruck verstärkt sich nach der Begrüßung der Ausflügler durch die eine Hälfte der Inselbewohner. Ursula Toth lebt mit ihrem Mann Conrad Marlow seit 2003 auf der Insel, die heute Eigentum der Deutschen Bundesstiftung Umwelt ist. Ihrem Willkommensgruß lässt sie einige Informationen zu diesem »geheimen Ort« folgen. Bis zur politischen Wende 1989/90 durfte jahrzehntelang kein Zivilist einen Fuß auf die 26 Hektar große Insel setzen. Falls doch, hätte er sich in Lebensgefahr begeben.

Dabei begann die Geschichte des Rudens ganz harmlos. Er diente seit dem 17. Jahrhundert den Dänen und Schweden als Zoll- und Lotsenstation, nachdem 1630 der schwedische König Gustav Adolf hier an Land gegangen war. Nach dem Wiener Kongress 1815 fiel der Ruden zusammen mit Usedom an den preußischen Machtbereich. 1861 entstand der erste

Die Hafeneinfahrt zur Insel Ruden wird von dem einst zur Raketenbeobachtung gebauten Messturm bestimmt.

hölzerne Lotsenwachturm, der 1903 durch eine stählerne Konstruktion ersetzt wurde. Im unteren Bereich befand sich eine Nebelglocke, mitunter auch als Lotsenglocke bezeichnet. Sie gewährleistete zusammen mit dem Signalmast die Kommunikation mit den Schiffen. Auf der zu dieser Zeit noch um zwei Drittel größeren Insel lebten mehrere Familien. Noch im Jahre 1904 zählte die Schule zwölf Kinder. Doch starke Sturmfluten ließen die Fläche des Rudens immer weiter schrumpfen, sodass im Norden und Süden größere Schutzbauten errichtet werden mussten.

Mit der Inbetriebnahme der Heeresversuchsanstalt (HVA) in Peenemünde 1935 endete das zivile Leben. Auf dem Ruden befanden sich mehrere Beobachtungsstationen für die von Peenemünde in die Ostsee abgefeuerten Raketen. Dafür ließ die HVA 1941 den noch heute bestehenden Messturm bauen. Gleichzeitig zogen Flakstellungen auf die Insel, um Bombenangriffe der Alliierten gegen Peenemünde abzuwehren. Zwar gelangen vom Ruden aus mehrere Flugzeugabschüsse, eine Zerstörung großer Teile der HVA konnten die Stellungen aber nicht verhindern.

Seit 1903 trotzt dieser Lotsenturm allen Stürmen der Zeit.

Eine Station der Grenzbrigade Küste

Nach Kriegsende 1945 besetzte die Rote Armee die Insel, und bald schoben wieder Lotsen hier ihren Dienst – bis zur Schließung der Station 1972. Doch auch das Militär blieb weiter präsent. Auf den Nachrichtendienst Küste folgte 1961 eine Einheit der Nationalen Volksarmee. Sie verstärkte nun die Überwachung des Küstengebiets, um DDR-Bürgern die Flucht

Die leer stehenden und dem Verfall preisgegebenen Kasernen erinnern an die Stationierung von Grenzsoldaten.

über die Ostsee nach Dänemark oder sogar Schweden zu vereiteln. Dieser Aufgabe ist der große Hafen geschuldet. 1972 erfolgte dessen Bau mit großem finanziellen Aufwand, um hier sogenannte Grenzbarkassen zu stationieren. Diese schnellen Boote kontrollierten den Grenzstreifen des Greifswalder Boddens und die Küste von Rügen. Kein DDR-Flüchtling sollte die 12-Meilen-Grenzzone mit einem Boot oder einem schwimmfähigen Modell »Marke Eigenbau« verlassen können. Ab 1972 schoben ständig 20 Grenzsoldaten Wache auf dem Ruden. Ihre Kasernen stehen noch, obwohl sie wohl niemand jemals wieder brauchen dürfte.

Auf einem Rundgang kann sich jeder Besucher zumindest in den Sommermonaten davon selbst ein Bild machen. Eine Stunde reicht für den Spaziergang auf der freigegebenen Fläche aus. Die meiste Zeit beanspruchen der Weg vom Hafen zum alten Messturm und der Blick auf Hunderte Kormorane auf dem 1,2 Kilometer langen Wellenbrecher vor der Insel.

Andere Geheimnisse verrät das Inselpaar persönlich. Es ist offiziell bei der Deutschen Bundesstiftung Umwelt als Naturschutzwart und Hafenmeister angestellt. Für das Wasser- und

Auf den ehemaligen Wellenbrechern hat sich eine riesige Kolonie von Kormoranen angesiedelt.

Schifffahrtsamt lesen die beiden täglich die Pegelstände ab und kümmern sich um die Info-Tafeln im Messturm.

Im Winter legt sich oft ein dicker Eispanzer zwischen Usedom und dem Ruden. Dann sind die Insulaner manchmal monatelang von der Außenwelt abgeschnitten und auf ihre Vorräte und den Dieselgenerator für die Stromerzeugung angewiesen.

STECKBRIEF

Der Ruden befindet sich rund zwei Kilometer von der Nordspitze Usedoms entfernt. Er diente lange Zeit als Lotsenstation und während des Zweiten Weltkriegs als Beobachtungsstelle für die von der Heeresversuchsanstalt in Peenemünde gestarteten Raketen. Zu DDR-Zeiten unterbanden von hier aus die Grenztruppen Fluchtversuche über die Ostsee. Heute gehört die zwei Kilometer lange Insel der Deutschen Bundesstiftung Umwelt, in deren Auftrag sich ein Ehepaar um die Belange des Naturschutzes und die Gästebetreuung kümmert.

Informationen

www.dbu.net/naturerbe

Anreise

In den Sommermonaten fährt ein Fischkutter die Touristen regelmäßig vom Hafen Peenemünde zum Ruden. Die Gäste haben gut eine Stunde Zeit zum Spazieren.

Erlebnismöglichkeiten

Vom alten Messturm an der Hafeneinfahrt fällt der Blick auf den Greifswalder Bodden und die Kolonie Hunderter Kormorane auf dem Wellenbrecher. Die ansässigen Naturschutzwarte bieten Führungen an.

Einkehr

Auf dem Ruden befinden sich keine Gaststätten oder Kioske. Die Einkehr muss auf die Rückkehr nach Peenemünde verschoben werden.

→ Extra-Tipp

Segler- und Motorbootfahrer können im Hafen festmachen und eine Nacht hier verbringen. An Land bestehen keine Übernachtungsmöglichkeiten.

Hubbrücke Karnin

Über die Stahlkonstruktion donnerten einst die Schnellzüge zwischen Berlin und Swinemünde

Nicht jedes tote Gleis hat automatisch eine geheimnisvolle Geschichte zu erzählen. Enden die Schienen aber kurz vor einer großen Wasserfläche, aus der sich eine seltsame Stahlkonstruktion erhebt, wächst die Neugierde fast von allein. Züge sind auf dem verbliebenen Rest an Land jedenfalls schon lange nicht mehr gefahren. Im Frühjahr 1945, kurz vor dem Ende des Zweiten Weltkriegs, ratterten letztmalig Lokomotiven sowie Personen- und Güterzüge durch den kleinen Ort Karnin im südöstlichen Zipfel der Insel Usedom. Damit endete nicht nur die schnelle Eisenbahnverbindung zwischen Berlin und der heute zu Polen gehörenden Hafenstadt Swinemünde sowie den Badeorten an der Ostseeküste. Auch ein technisches Meisterwerk verschwand endgültig. Die 1933 in Betrieb genommene Eisenbahnhubbrücke funktionierte wie das bekannte Schiffshebewerk Niederfinow im nordöstlichen Brandenburg. Nur bewegten sich vor Karnin keine Schiffe im Fahrstuhl auf- und abwärts, sondern Gleise. Wollten große und kleine Schiffe also auf dem Peenestrom zwischen dem Stettiner Haff und der Nordspitze Usedoms bei Wolgast und Peenemünde fahren, wurden die Gleise der Hubbrücke nach oben gezogen. Der Weg für die Flusspassage war damit frei.

Der ehemalige Bahnhof, der heute von einem Versand-Unternehmen genutzt wird, und der Rest des einstigen Gleises sind im Ort leicht zu finden. Als Orientierung hilft immer noch der Brückenrest im Wasser. Man braucht von diesem Monstrum aus nur eine gedachte Linie bis ans Ufer zu ziehen. An dieser Stelle befand sich einst ein Museum über die Geschichte der Eisenbahn zwischen Berlin und Usedom und speziell der Brücke. Es wurde jedoch geschlossen, sodass heute nur noch das Technik- und Zweiradmuseum im nahen Dargen ein Modell und die Funktionsweise der Eisenbahnhubbrücke zeigt.

Freizeitkapitäne können mit ihren Schiffen natürlich direkt bis zu den stählernen Überbleibseln fahren. Aber sämtliche verwertbaren Teile sind längst demontiert worden, zumal die

Nur die stählernen Reste der Hubbrücke erinnern noch an das einstige technische Meisterwerk.

ganze Anlage seit 1990 unter Natur- und Denkmalschutz steht. Schon allein wegen eines Turmfalkenpaares verbietet sich ein Betreten. Aber vom Wasser aus gesehen lassen sich die gewaltigen Ausmaße der einst modernsten Eisenbahnhubbrücke Europas erst richtig erkennen. 33 Meter ragen die Pfeiler aus rostfreiem Stahl in die Höhe. Die Züge selbst donnerten mit einer Geschwindigkeit von 100 Kilometern pro Stunde über die 48 Meter lange und 16 Meter breite Brücke, sodass die Fahrt von Berlin nach Swinemünde nicht mehr als zwei Stunden dauerte. Heute brauchen Touristen aus der Hauptstadt knappe vier Stunden bis in die Ostseebäder, weil sie den Umweg über Züssow und Wolgast nehmen müssen.

Die Brücke über den Peenestrom brach am 28. April 1945 in sich zusammen und stürzte ins Wasser. Ein Kommando der Wehrmacht hatte die Konstruktion gesprengt, um dadurch den Vormarsch der Roten Armee in Richtung Berlin aufzuhalten. Der Fahrbahntrog blieb dabei hochgezogen, um den noch im Stettiner Haff befindlichen deutschen Marineschiffen die Passage zu ermöglichen. Auch die Straßenbrücke bei Zecherin wurde zerstört. Wie spätere Analysen des Kriegsverlaufs

Der frühere Lotsenturm oberhalb von Karnin kann heute von Touristen gemietet werden.

ergaben, brachten beide Sprengungen der Wehrmacht einen Zeitgewinn von maximal drei Tagen. Auf den Ausgang des Krieges hatten sie keinen Einfluss.

Brückenteile überqueren heute die Oder

Während die Zecheriner Straßenbrücke bis 1956 wiederaufgebaut wurde, blieb die frühere Eisenbahnverbindung unterbrochen. Zwar bargen Spezialeinheiten die Teile der einst 360 Meter langen Gesamtkonstruktion aus dem Wasser, sie dienten jedoch lediglich dem Wiederaufbau der Oderbrücke bei Küstrin.

Außerdem gehören Swinemünde und ein Teil der ursprünglich 40 Kilometer langen Eisenbahnstrecke heute zum polnischen Territorium. Sämtliche Planungen zum Wiederaufbau der Brücke verliefen ins Leere, zumal die Gleise bis auf einen kleinen Rest in Karnin als Reparationsleistung in die ehemalige Sowjetunion geliefert worden waren. Für den Transport der Touristen allein lohnten sich die Ausgaben nicht. Diese nahmen die beschwerliche Anreise mit dem Zug notgedrungen in Kauf, obwohl sie die Brücke in Wolgast zwischen den Bahnhöfen auf dem Festland und auf der Insel zu Fuß überqueren mussten. Wenigstens den Koffertransport übernahmen Lastwagen. Dafür hatten die Schaffner in den Zügen aus Berlin und anderen Richtungen entsprechende Aufkleber verteilt.

Erst nach der Wiedervereinigung 1990 eröffneten sich auch für dieses gesprengte Bauwerk neue Perspektiven. Der Verein Usedomer Eisenbahnfreunde, Bürgermeister und Touristiker setzten das Thema auf die Tagesordnung verschiedenster politischer Debatten. Immer wieder gab es hoffnungsvoll stimmende Meldungen, wonach der Wiederaufbau von Ducherow nach Swinemünde nun endlich beginnen könne. Doch die kalkulierten Kosten in Höhe von 100 Millionen Euro verhinderten bislang die Umsetzung der Pläne, auch wenn neuerdings mögliche Einnahmen durch einen Güterverkehr nach Swindemünde mit einberechnet wurden. Von Swinemünde (Zentrum) verkehrt schon heute die Usedomer Bäderbahn bis nach Wolgast, Peenemünde und sogar nach Greifswald und Stralsund. Ob aber jemals über das tote Gleis in Karnin wieder Züge über den Peenestrom rollen werden, steht in den Sternen.

STECKBRIEF

Die Eisenbahnhubbrücke bei Karnin ersetzte 1933 die alte Drehbrücke über den Peenestrom von 1876. Die Gleise konnten in der Konstruktion nach oben gezogen werden, um Schiffen die Durchfahrt zu ermöglichen. Kurz vor dem Ende des Zweiten Weltkriegs sprengte die Wehrmacht die Brücke, um den Vormarsch der Roten Armee zu verzögern. Die Gleise der 40 Kilometer langen Strecke von Ducherow bei Anklam und Swinemünde gelangten als Reparationsleistung in die Sowjetunion. Alle Pläne zum Wiederaufbau scheiterten.

Anreise

Von der Bundessstraße 110 (Anschluss an die Autobahn A 20) zweigt hinter der Zecheriner Straßenbrücke eine Straße nach Zecherin und Karnin ab. Im Ort selbst ist der Weg zum Gleis leicht zu finden.

Erlebnismöglichkeiten

In der Nachbarschaft von Karnin lohnen Abstecher ins restaurierte Schloss Stolpe und nach Dargen mit seinem Wisentgehege und dem Technik- und Zweiradmuseum. Die Ausstellung konzentriert sich auf Fahrzeuge aus dem Ostblock zwischen 1945 und 1989 und auf Gegenstände aus dem DDR-Alltag. Besonderes Schmuckstück ist der ehemalige Regierungsbus der DDR (www.museumdargen.de).

Einkehr

Direkt am Ende der Straßenbrücke Zecherin lädt ein Fischrestaurant zum Besuch ein.

➔ Extra-Tipp

Oberhalb von Karnin ist der ehemalige Lotsenturm zu einer Ferienwohnung umgebaut worden. Die Gäste haben den Turm ganz für sich allein. Auf Wunsch kann ein Brötchenservice gebucht werden. Interessenten sollten sich langfristig anmelden. Die Aussicht auf das Stettiner Haff mit den Resten der Hubbrücke ist einzigartig. Weitere Informationen unter www.lotsenturm-usedom.de.

Bernsteinglück

Winterstürme bringen das Gold der Ostsee nach Hiddensee

Wenn Hiddensee-Urlauber im Hochsommer zur Bernsteinsuche aufbrechen, können sich Einheimische mitunter ein Lächeln nicht verkneifen. Ahnen sie doch schon den Misserfolg dieses Unternehmens – selbst bei stärkerem Wind. Ansonsten halten sie sich mit Bemerkungen dezent zurück. Zwar wird das Geheimnis um das »Gold der Ostsee« nicht so streng gehütet wie etwa das Coca-Cola-Rezept oder die besten Trüffelvorkommen in Frankreich, aber eine Auskunft über die sichersten Fundstellen ist auf der nur 16 Kilometer langen und maximal drei Kilometer breiten Insel gar nicht so leicht zu bekommen. Ein Besuch in der Bernsteinwerkstatt in der Mitte des Dorfes Kloster gibt jedenfalls schon einmal einen Hinweis auf die chancenreichste Jahreszeit.

Werkstattinhaber Henry Engels, der seine Fundstücke am Strand zu zauberhaft glänzendem Schmuck formt und von den

Henry Engels hält die gefundenen Bernsteinstücke zur Prüfung gegen das Licht.

Der Leuchtturm auf dem Dornbusch ist das bekannteste Wahrzeichen der Insel Hiddensee.

Verkäufen an Urlauber sogar leben kann, macht Sommertouristen ebenfalls wenig Hoffnung. »Nur die heftigen Stürme im Winterhalbjahr bringen uns den Bernstein«, sagt er und verrät noch eine Erfolgsgarantie: »Bei Windstärke 12 oder mehr bestehen die größten Chancen.« Engels erklärt, dass dies an der Herkunft dieser 50 Millionen Jahre alten Schätze liege. Im heutigen Baltikum habe sich das aus Nadelbäumen stammende Harz durch viel Druck und Wasserentzug zu einer festen und trockenen Masse geformt. Abfließendes Schmelzwasser und Gletscher haben die Brocken in die Ostsee transportiert, wo sie regelrecht konserviert wurden. Aus diesem Grund sollte Bernstein nach dem Kauf gegen die Austrocknung geschützt werden, rät Henry Engels. Ein wenig Speiseöl wirke Wunder.

Den Transport des goldbraunen und durch Lufteinschlüsse glänzenden Materials nach Hiddensee übernimmt zuerst ein Nordoststurm, der dann von einem starken Wind aus nordwestlicher Richtung abgelöst wird. Bernsteine werden auf Hiddensee daher fast nur an der Westküste angespült.

Doch damit sind längst nicht alle Geheimnisse rund um den Bernstein gelüftet. Genau wie der richtige Zeitpunkt und der

Etwa alle zehn Jahre friert die Ostsee zwischen Rügen und Hiddensee zu, sodass sich Familien sogar mit Pferdewagen aufs Eis wagen.

richtige Strand ist die passende Ausrüstung für die erfolgreiche Suche ausschlaggebend. Sobald die Böen allmählich abflauen, steigt Henry Engels in seine Wathose und schnappt sich Kescher und nicht selten auch die Taschenlampe. Denn dann muss es so schnell gehen, dass er manchmal nicht auf den Beginn der Dämmerung warten kann.

Mit dem Kescher im Wellen-Intervall

Die ersten Wellen nach einem großen Sturm spülen viele leichte Teile ans Ufer. Inmitten von Treibholz, Seegras, toten Fischen und unzähligen Muscheln finden sich mit etwas Glück auch Bernsteinbrocken. Doch die Zeit drängt, denn so ganz freiwillig gibt das Meer seine Schätze nicht preis. Schon mit den folgenden Wellen werden Steine angespült, die die vorherige Fracht überdecken. Also muss der Bernsteinfischer mit seinem Kescher zwischen den Wellen den Spülsand durchsieben und auf sein Glück hoffen. Dabei ging Henry Engels einmal sogar ein faustgroßes Stück von fast 400 Gramm ins Netz.

Wenn die Urlauber nach dem Frühstück in den Hotels, Pensionen und Ferienwohnungen an den Strand kommen und nach Bernstein suchen, hat Henry Engels seine Arbeit meistens schon getan und die weit gereisten Stücke in seiner Werkstatt verstaut. Den Gästen auf der Insel bleibt dann nur die Hoffnung auf den Fund eines Hühnergotts, also einem vom Meer kunstvoll geformten Stein mit mindestens einem Loch für den Durchblick. Wenn sie dann doch auf einen Bernstein oder auf ein ähnlich aussehendes Stück stoßen, hilft nur der Echtheitstest. Bernstein ist brennbar, schwimmt in einem Wasserglas oben und fühlt sich bei einer Beißprobe weicher als ein Kieselstein an.

Über einen möglichen Misserfolg könnte die auf der Insel unvergessene Anekdote über den Dichter und Kabarettisten Ringelnatz hinweghelfen. Die in Stummfilmen bekannt gewordene Schauspielerin Asta Nielsen hielt dessen missglückte Suche am 12. Juni 1929 in ihrem Tagebuch fest: »Heute Morgen verließ Ringelnatz das Haus in Badehosen, knallroten Badeschuhen, einem gelben Tuch um den Kopf und einer bunter Tasche auf dem Bauch für Bernsteine, die er zu suchen beabsichtigte … Es ist wohl überflüssig zu bemerken, dass er nicht einen einzigen gefunden hat.«

STECKBRIEF

Beim Bernstein handelt es sich um 50 Millionen Jahre altes Harz von Nadelbäumen, das vom Baltikum mit Stürmen zuerst aus Nordost und dann aus Nordwest an die offene Ostseeküste von Hiddensee transportiert wird. Man findet ihn nur im Winter und dann unmittelbar nach dem Abflauen von Sturmböen im Spülsand zwischen den Wellen.

Informationen

Henry Engels ist der einzige hauptberufliche Bernsteinfischer auf Hiddensee. Seine Werkstatt mit angeschlossenem Laden befindet sich in der Mitte des Dorfes Kloster (Mühlberg 17).

Anreise

Hiddensee wird von Fähren aus Stralsund und Schapprode auf Rügen sowie von Wassertaxen angesteuert. Autos sind bis auf ganz wenige Ausnahmen für Rettungsdienste nicht erlaubt.

Erlebnismöglichkeiten

Die Insel bietet beste Bedingungen zum Wandern, Spazieren, Radfahren und im Sommer zum Baden. Viele Künstler haben hier gelebt und sich von der Natur inspirieren lassen. Das Sommerhaus von Gerhart Hauptmann kann das ganze Jahr über besichtigt werden.

Einkehr

Hiddensee besitzt kein Gourmetrestaurant und kein Fünf-Sterne-Wellnesshotel. Aber es mangelt nicht an schönen Gasthäusern, die Fischgerichte anbieten.

→ Extra-Tipp

In strengen Wintern friert der rund sechs Kilometer lange Meeresstreifen zwischen Rügen und Hiddensee mitunter komplett zu. Dann begeben sich Wagemutige zu Fuß, mit Pferdeschlitten, Skiern oder sogar mit dem Auto aufs Eis, um nach Hiddensee zu gelangen. Das letzte Mal war das im Winter 2010 der Fall, als sogar die Fähre ausgefallen war und Hubschrauber die Urlauber aus dem Winterurlaub holen mussten.

Halbinsel Zudar

Im Betriebsferienheim eines ehemaligen Möbelkombinats sind längst die Lichter aus

Auf der im Internet angebotenen Ansichtskarte sieht die Anlage noch ganz passabel aus. Die Schwarzweißfotos zeigen helle Ferienhäuser, einen großen Speisesaal mit einem für die Ostseeküste typischen Rohrdach, einen direkt dahinter gelegenen Parkplatz mit einem Auto der heute fast vergessenen Marke Shiguli und die Gesamtansicht des Ensembles zwischen Acker und Wald. Auf zwei Bildern ist sogar eine größere Wasserfläche hinter den Häusern zu erkennen. Der mittige Aufdruck der wahrscheinlich Anfang der 1980er-Jahre produzierten Postkarte verrät den Ort dieser Aufnahmen: »Ferienobjekt des VEB Möbelkombinat Hellerau Grabow – Rügen«.

Wie die meisten Betriebe, Genossenschaften oder größeren Organisationen hatten sich also auch die Möbelwerker aus dem Dresdner Stadtteil Hellerau eine eigene Urlaubersiedlung gebaut. Der Mangel an Hotels und selbst Campingplätzen hatte zu einem regen Tauschhandel geführt, sodass nicht nur die Sachsen in den Genuss eines Ferienplatzes an diesem Teil der Ostseeküste kamen. Nach der deutschen Wiedervereinigung war Schluss damit. Der Privatisierungsauftrag der Treuhandanstalt ließ für »nicht betriebsnotwendige Objekte« keinen Spielraum. Sie wurden entweder verkauft oder abgerissen. Wo sich kein Interessent fand, setzte der Verfall ein. Oder aber die neuen Eigentümer kümmerten sich nicht gut um die einst so begehrten Ferienunterkünfte.

Wer das »Ferienobjekt« heute nach erfolgreicher Spurensuche aufgefunden hat, der steht vor Ruinen. Die Dächer weisen mangels Pflege große Löcher auf, die Türen und Fenster halten keinen Sturm mehr ab, und die Natur hat von den betonierten Freiflächen wieder Besitz ergriffen. Drehbuchautoren und Regisseure von Grusel- oder Actionfilmen würden sich hier bestimmt zu einigen spektakulären Szenen inspiriert fühlen. Aber noch sind die Hinweise auf diesen geheimnisvollen Ort spärlich. Selbst die langen Listen von vermeintlich »unentdeckten Drehorten« sparen diesen Landstrich im Südosten Rügens weitgehend aus. Und die Ausflügler, die der Zufall doch einmal

Auf der Halbinsel Zudar kann man viele erstaunliche Spuren der Vergangenheit entdecken. Hier das ehemalige Gutshaus in Rosengarten.

ins winzige Grabow führt, behalten die Entdeckung nicht selten für sich. In diversen Internetforen schwärmen sie dann zwar mit entsprechenden Fotos von einer »traumhaften« und »einmaligen« Landschaft. Ortsnamen oder Wegbeschreibungen werden aber nicht verraten. Offenbar wollen sie sich auch auf ihrer nächsten Reise ganz allein an den Reizen der Halbinsel Zudar erfreuen.

Diese Geheimniskrämerei, zu der auch die dürftigen Beschreibungen in fast allen Reiseführern beitragen, hat den nun schon länger als zwei Jahrzehnte andauernden Dornröschenschlaf der Ferienhaussiedlung bewahren können. Während sich die Investoren in anderen Teilen der Insel um die besten Plätze stritten und die Hotelbranche vor allem zwischen Binz und Putbus gute Geschäfte macht, ist die Ruhe auf der Halbinsel noch ungestört.

Selbst die vor über einem Jahrhundert gegründete Gaststätte »Am Tollow« im kleinen Dorf Zudar musste im Jahre 2013 schließen. Dabei lag sie verkehrsgünstig an der Straße zur Fähre zwischen Glewitz und Stahlbrode. Aber gerade in der jüngsten Vergangenheit fuhren die Urlauber an der Kneipe mit der berüchtigten Lügenbank am Tresen vorbei, um möglichst schnell an ihre komfortablen Unterkünfte oder die Strände zu gelangen. So verpassten sie die mehr oder minder wahrheitsgetreuen Geschichten von Jägern, Anglern und Fischern aus der Umgebung und die einfachen, stets preiswerten Gerichte. Vielleicht findet sich ja doch irgendwann ein Interessent für das Gasthaus, und die Tradition der Dorfkneipen stirbt nicht ganz aus.

Büchsenschuss und Schabernack

Die Halbinsel Zudar hat schon mehrere durchaus einzigartige Gasthäuser verloren. Eines trug den schönen Namen »Haus Büchsenschuss« und befand sich an der Straße zwischen Zudar und Garz. Das bis heute erhalten gebliebene Gebäude an den Abzweigen nach Puddemin und Groß Schoritz diente zwischen 1858 und 1875 dem Kassieren eines »Chausseegeldes« für alle Straßenbenutzer. Danach fiel das Geld der Fremden und Einheimischen nicht mehr in den vom »Chaussee-Einnehmer«

Am gelben Ufer können Urlauber die Ostsee fast immer allein und damit abseits vom Trubel an den sonstigen Stränden genießen.

aus dem Fenster gehaltenen Lederbeutel, sondern landete in der Kasse eines Gastwirts. Die Geschichte dieses durchaus geheimnisvoll anmutenden Hauses ist heute fast vergessen. Die Gaststätte machte schon vor langer Zeit dicht.

Vielleicht können sich die Gäste des »Ferienobjektes« des einstigen Möbelkombinates an das markante und dicht an der Straße stehende Haus erinnern. An ihm müssten sie bei jeder Fahrt nach Garz und weiter nach Putbus und in die Ostseebäder vorbeigekommen sein. Die meiste Zeit des 14-tägigen Urlaubs aber dürften sie wohl in der schönen Umgebung im Südosten Rügens genossen und sich gar nicht weit von Grabow entfernt haben.

Gleich hinter dem winzigen Ort schickt der Greifswalder Bodden zaghafte Wellen an den einsamen Strand. In der Ferne frönen Surfer ihrem Hobby. Wer dem Feldweg oberhalb des schmalen Küstenwaldes folgt, gelangt nach kurzer Zeit zu einem eigenartigen Leuchtturm, den es in seiner Art wohl kein zweites Mal gibt. Streng genommen handelt es sich bei der zwölf Meter hohen Steinkonstruktion aus dem Jahre 1934 gar nicht um einen Leuchtturm, weil er nur mit einem

Die Schoritzer Wiek bei Zudar ist wegen ihrer Abgeschiedenheit ein beliebter Rast- und Brutplatz für Wasservögel.

In der Nähe des kleinen Ortes Zicker finden Pferde auf großen Koppeln ihren Auslauf.

einzigen Signalscheinwerfer ausgestattet ist. Der steht mit einem 675 Meter entfernten Gittermasten aus dem Jahre 1949 in Verbindung und bildet ein sogenanntes Richtfeuer für die Schifffahrt im Strelasund. Auf den Landkarten ist der südlichste Punkt der Insel Rügen mit dem eigentümlichen Leuchtturm mit der Bezeichnung »Palmer Ort« versehen.

Schlägt man hinter Grabow die entgegengesetzte Richtung zum Strand ein, landet man am Gelben Ufer. Die Steilküste ragt hier immerhin 17 Meter in die Höhe und leuchtet dank ihres Sandes im Sonnenlicht tatsächlich gelb. Diesen schönen Anblick muss der Entdecker zwar an Sommertagen mit einigen anderen Gleichgesinnten teilen, aber es findet sich immer ein einsames Plätzchen.

STECKBRIEF

Die Halbinsel Zudar im Südosten Rügens gehört zu den touristisch nur wenig erschlossenen Ausflugszielen der Insel. Hier finden Wanderer und Radfahrer viele idyllische Flecken. Die einstige Ferienanlage des Möbelkombinats Hellerau im winzigen Ort Grabow ist seit der Wende verlassen und verfällt zusehends. Von hier führen einsame Wege zum Leuchtturm am Palmer Ort, dem südlichsten Punkt Rügens, sowie zur Steilküste »Gelbes Ufer«.

Informationen

www.stadt-garz-ruegen.de

Anreise

Am schnellsten gelangt man von April bis Oktober mit der Fähre von Stahlbrode bei Greifswald nach Glewitz auf Rügen. Vor Zudar biegt die Straße nach Maltzien und Grabow ab. Auch die Strecke über Poppelvitz und Zicker führt zum Ziel.

Erlebnismöglichkeiten

Die von Zicker aus erreichbare Schoritzer Wiek bietet Salzwiesen, seltene Strandfliederbäume und Salzastern sowie viele Vogelrastgebiete. In Groß Schoritz befindet sich im Geburtshaus von Ernst Moritz Arndt (1769) ein Museum über den inzwischen umstrittenen Wissenschaftler.

Einkehr

Auf der Halbinsel selbst gibt es so gut wie keine Einkehrmöglichkeiten mehr. Dafür lohnt sich ein kurzer Abstecher nach Puddemin, wo sich direkt am Hafen eine Gaststätte mit angeschlossenem Hotel befindet.

→ Extra-Tipp

Östlich der Stadt Garz liegt der Ortsteil Rosengarten mit einem Gutshaus, von dem allerdings nur noch die Fassade erhalten ist. Die Besucher finden hier ein romantisches Gartencafé mit einem Bio-Hofladen. Ganz in der Nähe liegt der Ort mit dem ungewöhnlichen Namen »Schabernack«.

Vilm

Agentenspiele in den Dünen einer abgeschirmten Insel

Auf einer einsamen und von der Außenwelt abgeschirmten Insel kann die Fantasie schon einmal seltsame Blüten treiben. Warum sonst wäre der ehemalige Staats- und Parteichef Erich Honecker auf die Idee gekommen, sich hier mit Tochter Sonja und Ehefrau Margot ausgerechnet bei einem Agentenspiel zu vergnügen. Mit ihren hohen Dünen und den vielen alten Bäumen bot die Insel Vilm vor Rügen dafür offenbar die perfekte Kulisse. Es existiert sogar ein kleines Drehbuch für die Details des Spiels: Fünf Feinde kundschaften eine geheime Basis aus und müssen dies »mit ihrem Leben bezahlen«. Die 1952 geborene Sonja Honecker, die heute mit ihrer Familie in Chile lebt, zog nach dem in mehreren Fotos festgehaltenen Agentenspiel zufrieden das Resümee: »Der Feind wird immer und überall auf der ganzen Linie geschlagen«.

Für die Glaubwürdigkeit der Geschichte aus der Mitte der 1960er-Jahre bürgt das private Fotoalbum der Honeckers. Man fand es in einem von zwei Koffern, die das Ehepaar bei seiner Flucht aus den Beelitzer Heilstätten, südlich von Berlin, im Frühjahr 1991 zurückgelassen hatten. Zwar hatte die Familie die russische Kommandantur des damaligen Militärsanatoriums gebeten, ihnen die Koffer nachzuschicken. Aber dazu ist es offensichtlich nie gekommen, denn die Gepäckstücke tauchten vor einigen Jahren plötzlich wieder auf. Neben Briefen, Zeugnissen, Dokumenten und Fotos fand man darin eben auch das besagte Album mit den privaten Aufnahmen von der Insel Vilm.

Die Fotos vom familiären Agentenspiel hätten ohne den besonderen Status des zweieinhalb Kilometer langen und knapp 94 Hektar großen Eilands gar nicht entstehen können. Zwischen 1959 und 1989 durfte kein Normalbürger einen Fuß auf das Land setzen. 1959 ließ der damalige DDR-Ministerpräsident Otto Grotewohl das landschaftliche Schmuckstück absperren, das man bereits 1936 unter Naturschutz gestellt hatte. Es entstand eine Ferienhaussiedlung aus zwölf mit Rohr gedeckten Häusern für jeweils sechs bis sieben Personen, einem Gemeinschafts- und Gesellschaftshaus, einer Gärtnerei

Steilufer und dichte Wälder bestimmen die Landschaft auf der Insel Vilm vor Lauterbach.

und diversen anderen Gebäuden. In den Genuss eines Urlaubs auf Vilm kamen aber nur hohe Staats- und Parteifunktionäre und deren Familien. Fortan breitete sich über die Insel der Schleier des Geheimnisvollen mit der entsprechenden Legendenbildung aus.

Dabei hatte der große Tourismus auf Vilm erst 1956 richtig begonnen. In den Sommermonaten drängelten sich täglich

Wegen dieser Ferienhaussiedlung für hohe Staatsfunktionäre blieb die Insel zwischen 1959 und 1990 für Normalsterbliche tabu.

zwischen 500 und 700 Neugierige auf der Insel. An Wochenenden stieg die Zahl sogar auf über 1.000 Personen an. Sie lagen an den Stränden, liefen durch die alten Buchen-, Eichen- und Ulmenwälder und hinterließen zum Ärger der Naturliebhaber viel Müll. Das ging drei Jahre so, dann war Schluss.

In den ersten Jahren nach der Absperrung hielt sich die Bewachung der Insel noch in Grenzen. Erst ein handfester Streit zwischen einem Minister und einem Segler im Jahre 1965 löste eine folgenschwere Krise aus. Von nun an wurde Vilm von zwölf Polizisten, die an sämtlichen Seiten der Insel durchgehend Wache schoben, abgeschirmt. Da sich das schnell herumsprach, kam es zu keinen weiteren »Zwischenfällen«. Aus dieser Zeit stammt eine weitere Anekdote aus dem Urlaub der Honeckers. In einem nach der Wende gedrehten Film erzählt ein enger persönlicher Mitarbeiter, wie er Margot und Erich Honecker Kaffee und Kuchen an den Strand brachte. Dabei erinnert sich der Mann auch an die Vorliebe Honeckers, nackt zu baden. Die Badehose habe er allerdings erst unter Wasser ausgezogen und dann an den Strand geworfen. Die frischen Brötchen hätten täglich aus dem 300 Kilometer entfernten

Wandlitz auf die Insel geschafft werden müssen. Ein Aufwand, der aus heutiger Sicht übertrieben erscheint, aber im Zusammenhang mit dem vorherrschenden Mangel in jenen Zeiten gesehen werden muss. Ohnehin sorgten sich ständig bis zu 60 Angestellte um das Wohl der »hohen Genossen«.

Heute finden die maximal 30 Tagesbesucher, mehr Passagiere fasst der Kutter »Julchen« nicht, die Funktionärssiedlung in einem überraschend guten Zustand vor. Das liegt an der schon 1990 begonnenen Nutzung durch die Internationale Naturschutzakademie. Wissenschaftler vieler Länder tauschen hier regelmäßig ihre Erfahrungen im Umgang mit der Natur aus und dürfen zu diesem Zweck auch auf Vilm übernachten. Alle anderen Gäste müssen die Insel nach der gut zweieinhalbstündigen Führung wieder verlassen.

Ein Logierhaus für Landschaftsmaler

In Erinnerung bleibt dem Besucher dieses einst geheimen Orts neben der Funktionärssiedlung für Grotewohl, Ulbricht, Stoph oder Honecker vor allem die beispiellos reiche Natur. Fachleute kamen bei einer Zählung in diesem Teil des Biosphärenreservats Südost-Rügen vor einigen Jahren auf 300 Farn- und Blütenpflanzen sowie auf 100 Moos- und Flechtenarten. Auch Seeadler und Eisvögel brüten in dem mehr als 400 Jahre alten Wald mit knorrigen Eichen und breit ausladenden Buchen. Schon Maler wie Caspar David Friedrich oder Carl Gustav Carus ließen sich von der Vielfalt bezaubern. Friedrich hatte die Insel Vilm aber wahrscheinlich nur aus der Ferne auf der Leinwand festgehalten. 1886 wurde vor allem für die Maler sogar ein Logierhaus gebaut. Auch heute ist der Urwald, in dem kein einziger Baum gefällt oder gestutzt wird, ein magischer Anziehungspunkt für Künstler.

Neuerdings erleben die Touristen die Rückkehr eines lange Zeit als ausgerottet geltenden Tieres: der Kegelrobbe. Nach 50-jähriger Abstinenz fühlt sie sich an den Küsten und vor allem im Greifswalder Bodden wieder wohl. Hier gibt es spezielle Robben-Beobachtungsfahrten, auf denen die bis zu 2,2 Meter langen Meeressäuger garantiert gesichtet werden können.

STECKBRIEF

Die Insel Vilm, deren Name sich vom slawischen »ilumu« ableitet und Ulme bedeutet, liegt vor der Südostküste Rügens. 400 Jahre hat der Mensch nicht mehr in die Natur eingegriffen. Seit 1936 steht das knapp 96 Hektar große und zweieinhalb Kilometer lange Eiland unter Naturschutz. 1959 wurde es für die Öffentlichkeit gesperrt, weil eine für hohe Partei- und Staatsfunktionäre errichtete Ferienhaussiedlung unbehelligt bleiben sollte. 1990 nahm hier eine Internationale Naturschutzakademie ihren Betrieb auf.

Informationen

www.vilmexkursion.de

Anreise

Vom Hafen Lauterbach bei Putbus verkehrt in der Saison und auf Anfrage das Motorschiff »Julchen« mit maximal 30 Gästen nach Vilm. Die Reise dauert rund 15 Minuten (Reederei Lenz, Telefon 03 83 01 / 6 18 96). Eine rechtzeitige Anmeldung ist ratsam.

Erlebnismöglichkeiten

Hinter dem Badehaus Goor in Lauterbach liegt ein schönes Waldgebiet, durch das ein Erlebnis- und Gesundheitspfad führt.

Einkehr

In Putbus und Lauterbach gibt es Restaurants und Hotels auf unterschiedlichem Niveau. Im Hafen von Lauterbach wird frischer und geräucherter Fisch verkauft.

→ Extra-Tipp

Die schönste Anreise nach Lauterbach bietet der »Rasende Roland«. Die seit mehr als 110 verkehrende Schmalspurbahn fährt von Göhren zum Jagdschloss Granitz und weiter über Binz (Fernbahnhof) und Putbus nach Lauterbach Mole (www.ruegenische-baederbahn.de).

Darßwald

Das mysteriöse Verschwinden des Malers Alfred Partikel ist nur eines von vielen Geheimnissen

Möglich, dass ihn das Moor für immer verschluckt hat. Oder dass der starke Ast einer alten Buche ihn erschlagen hat und er in ein tiefes Loch gefallen ist. Vielleicht traf ihn aber auch eine Maschinenpistolensalve, absichtlich oder versehentlich. Schließlich schwärmten im Herbst 1945, wenige Monate nach Kriegsende, regelmäßig Soldaten der Roten Armee zur Jagd auf Hirsche und die in den 1930er-Jahren hier ausgesetzten Wisente aus. Dabei sollen sie oft kurzen Prozess gemacht und auf jedes sich bewegende Ziel geschossen haben.

Bei dem auf so rätselhafte Weise verschwundenen Mann handelt es sich um den vor allem für seine Ostpreußen-Bilder bekannten Maler Alfred Partikel. Die Angabe in seiner Biografie lautet »Verschollen im Darßwald bei Ahrenshoop«. In manchen Darstellungen findet sich noch der Zusatz »beim Pilze sammeln«. Am Tag seines Verschwindens am 20. Oktober 1945 war der Künstler erst 56 Jahre alt. Bis heute fehlt von ihm beziehungsweise von seinem Leichnam jede Spur. Doch nicht nur deshalb umgibt den Darßwald bis heute der Mythos einer unheimlichen, undurchdringlichen und vor allem geheimnisvollen Landschaft.

Über die seelische Verfassung von Alfred Partikel an seinem vermeintlichen Todestag kann nur spekuliert werden. Tatsache ist, dass die Anstrengungen einer unglaublichen Radtour in seinen Knochen steckten. Im Februar 1945 hatte sich der zu dieser Zeit als Professor für Landschaftsmalerei in Königsberg arbeitende Ostpreuße mit dem Fahrrad auf die Flucht vor der heranrückenden Sowjetarmee begeben. Seine mehr als 700 Kilometer lange Route nach Ahrenshoop führte ihn auf mit Flüchtlingstrecks überfüllten Straßen durch ständig aus der Luft bombardierte Gegenden.

In Ahrenshoop auf der Halbinsel Fischland-Darß-Zingst besaß er seit 1925 in der Dorfstraße 32 ein eigenes Haus. Den Ort zwischen Ostsee und Bodden hatte Partikel durch die Liebe zu Dorothea Körte, mit der er seit 1921 verheiratet war und deren Eltern hier ein Sommerhaus besaßen, kennen- und schätzen

Unberechenbare Moore und Sümpfe sind charakteristisch für den Darßwald nördlich von Ahrenshoop.

gelernt. Die besondere Atmosphäre in diesem Fischer- und Künstlerort hielt Partikel in vielen Bildern fest. Sein langjähriger Freund, der Bildhauer Gerhard Marcks, widmete ihm einen Gedenkstein. Eine Kopie steht vor dem »Kunstkaten« in Ahrenshoop.

Mitten im Wald die alte Meeresküste

Von dort ist es nur ein Katzensprung bis zum geheimnisumwitterten und etwas unheimlichen Darßwald, den Partikel so sehr liebte und der ihm doch zum Verhängnis wurde. Mehrere Rad- und Wanderwege (auf den Hinweisschildern ist mitunter von »Gestellen« die Rede) durchziehen das 5.800 Hektar große Naturschutzgebiet zwischen Ahrenshoop und Born im Süden sowie Wieck und Prerow im Osten. Hinter der Wegkreuzung »Großer Stern«, die Radler und Wanderer auf ihrer Tour zum Leuchtturm »Darßer Ort« passieren, ist die alte Meeresküste von vor etwa 3.000 Jahren zu erkennen. Hier verläuft die Grenze zwischen dem Neu- und Altdarß. Die Küsten zwischen

Der »Kunstkaten« in Ahrenshoop widmet sich vor allem der Künstlerkolonie im Ort, zu der auch Alfred Partikel gehörte.

Wustrow und dem Weststrand nördlich von Ahrenshoop werden von Sturm und Wasser immer weiter abgetragen, während die Strömung weiter im Norden Sand und Kies anlandet. Derzeit wächst der Darßer Ort jährlich um bis zu acht Meter.

Vielleicht geriet Alfred Partikel auf der Suche nach Pilzen in eine der zahlreichen Senken, die von den Einheimischen »Riegen« genannt werden. Auf der Höhe des Gedenksteins für den langjährigen Forstmeister Ferdinand Freiherr von Raesfeld (1855–1929) an der Kreuzung Müllerweg und k-Gestell lassen sich solche Sümpfe gut vom Weg aus betrachten. Von Raesfeld hatte sich seine Ruhestätte selbst ausgesucht, wollte er doch, dass »Hirsch und Reh über sein Grab springen mögen«. Da der Darßwald stets zu den bevorzugten Jagdgebieten gehörte, gab es davon hier immer eine genügend große Anzahl. Das war in Zeiten der pommerschen Herzöge nicht anders als in jenen der preußischen Generäle, des »Reichsjägermeisters« Hermann Göring oder des Staatsratsvorsitzenden Erich Honecker.

Ihnen wurden die einstigen Strandseen, die durch vom Wind aufgeschüttete Wälle eingeschnürt wurden, jedenfalls nicht zum Verhängnis. Sie mussten das Wild ja auch nicht jagen, sondern einfach nur abschießen. Heute macht jeder vernünftige Mensch einen großen Bogen um die mit großen Erlen, Ästen, Zweigen und Farnen überwucherten, verlandeten oder sumpfigen Senken. Überdies bevorzugten Honecker & Co. den südöstlich gelegenen trockeneren Altdarß.

Hier hatten einige Wehrmachtseinheiten in den letzten Kriegswochen 1945 mehrere Vorratsbunker mit Nahrung und Waffen angelegt, um auf einen damals von einigen Nazi-Größen ins Auge gefassten gemeinsamen Kampf mit den westlichen Mächten gegen die Sowjetarmee vorbereitet zu sein. Daraus wurde zum Glück nichts. Aber einige Offiziere und hochrangige Funktionäre blieben auch nach dem Einmarsch der Roten Armee im Mai 1945 in ihrem Waldversteck. Zu ihnen gehörte auch der einstige SS-Standartenführer im Stab Heinrich Himmlers, Franz Müller-Darß. Als Forstamtsleiter in Born hatte er unter anderem Aufsicht über 200 KZ-Häftlinge geführt. Das Gelände der Gaststätte »Borner Hof« diente während des Krieges als Außenlager von Neuengamme und Ravensbrück. Müller-Darß konnte den Durchsuchungen der Sowjetarmee entkommen und sich mehrere Wochen nach der Kapitulation im Mai 1945 im Bodden auf ein Boot retten und damit unbehelligt nach Hamburg entkommen. Er starb 1976 86-jährig im oberbayerischen Lenggries.

Ältere Zeitzeugen vom Darß erinnern sich bis heute an regelmäßige Suchaktionen der sowjetischen Truppen im Wald. Dabei entdeckten diese auch einige Vorratsbunker und verteilten die dort gefundenen Dauerkekse aus Wehrmachtsbeständen an die Dorfkinder. Es könnte sein, dass Alfred Partikel bei einem solchen Einsatz im Wald für einen versprengten Offizier gehalten und erschossen wurde. Sein Verschwinden wird wohl für immer ein Rätsel bleiben.

STECKBRIEF

Der Darßwald nördlich von Ahrenshoop gehört seit 1990 zum Nationalpark Vorpommersche Boddenlandschaft. Er ist in großen Teilen von der Abtragung und der Anlagerung von Sand und Kies geprägt. In dem teilweise von sumpfigen Senken und Strandwällen durchzogenen Areal hatte die Wehrmacht kurz vor Kriegsende 1945 mehrere Vorratsbunker für einen möglichen Kampf an der Seite der Westalliierten gegen die Sowjetarmee angelegt. Hier hielten sich auch hochrangige Nazis noch wochenlang nach dem Einmarsch der Roten Armee versteckt. Auf mysteriöse Weise verschwand im Oktober 1945 der Maler Alfred Partikel. Sein Leichnam wurde nie gefunden.

Anreise

Die Halbinsel Fischland-Darß-Zingst ist von Rostock über die B 105 (Ausfahrt Rostock-Ost der A 19) zu erreichen. Hinter Gelbensande zweigt die Bäderstraße nach Wustrow und Ahrenshoop links ab.

Erlebnismöglichkeiten

Ahrenshoop hat in den letzten Jahren sehr erfolgreich an die Traditionen der um 1900 ins Leben gerufenen Künstlerkolonie anknüpfen können. Seit 1996 steht der Pavillon »Kunstkaten« aus dem Jahre 1909 wieder für Ausstellungen zur Verfügung. Das neue Kunstmuseum am Ortseingang bietet jetzt mehr Platz für Künstler und Besucher.

Einkehr

Direkt an der Steilküste liegt das Restaurant »Buhne 12« am nördlichen Ende von Ahrenshoop (Grenzweg). Von vielen Plätzen im Innern des Gebäudes und vom großen Garten aus kann man über die Ostsee blicken.

→ Extra-Tipp

Auf dem Weststrand zwischen Ahrenshoop und dem Leuchtturm gibt es zwar keine Strandkörbe oder Kioske. Dafür bietet der Strand mit seinen abgebrochenen Ästen den vom Sturm zu »Windflüchtern« geformten Bäumen eine wilde Romantik.

Hirsche am Darßer Ort

An der lange abgeschotteten Inselspitze kommen die Besucher den prächtigen Tieren ganz nah

Fotos oder Handyfilme von röhrenden und sogar kämpfenden Rothirschen stoßen im Freundeskreis garantiert auf Anerkennung oder zumindest Aufmerksamkeit. Das beweist schon der Blick auf diverse Internetplattformen, auf denen solche Aufnahmen stolz präsentiert werden. Oft sind sie mit dem Zusatz »nicht im Zoo oder Tierpark aufgenommen« versehen. Es sei alles in »freier Wildbahn« entdeckt worden, heißt es dann stolz. »Die Tiere standen keine zehn Meter von uns entfernt.«

Nicht selten wird der Ort dieser ungewöhnlichen Safaris verheimlicht oder mit dem Hinweis »irgendwo an der Ostseeküste« umschrieben. Dabei kann das Geheimnis schnell gelüftet werden. Den in Deutschland wohl reizvollsten Blick auf Hirsche bieten die Halbinseln Darß und Zingst. Denn hier zeigen sich die stolzen Tiere oft vor dem Blau der flachen oder schäumenden Ostsee. Die besten Aussichten bietet der Darßer Ort, also die Nordspitze der Halbinsel. Der Weg dorthin verlangt dem Ausflügler allerdings körperliche Fitness ab. Denn der Darßwald ist für Autos gesperrt, wodurch auch der Leuchtturm am Darßer Ort nicht mit dem Pkw erreicht werden kann. Es bleiben für die Tour also nur das Fahrrad von Ahrenshoop oder Prerow sowie die Pferdekutsche übrig, wobei das letzte Stück zu den Beobachtungsplattformen oder den besten Aussichtspunkten am Strand zu Fuß zurückgelegt werden muss. An manchen Tagen genügt schon der Aufstieg auf den 35 Meter hohen Leuchtturm von 1848. Der Blick von oben reicht weit über Land und See. Mit etwas Glück lassen sich bereits von hier Hirsche, Rehe und Wildschweine ausmachen.

Die erstaunliche Zutraulichkeit der Hirsche zu den Menschen liegt vor allem an der besonderen Geschichte dieses jahrzehntelang geheimen und von der Öffentlichkeit abgeschirmten Ortes. Wie so oft spielte dabei auch hier das Militär eine entscheidende Rolle. 1962 baute die Volksmarine den kleinen Fischereihafen in der Nähe des Leuchtturms zum Ankerplatz für Torpedoschnellbote aus. Sie sollten sowohl für Einsätze in der viel befahrenen Meeresenge zwischen dem Darß

Der Leuchtturm am Darßer Ort im Norden der Halbinsel beherbergt eine sehenswerte Ausstellung über die Natur an der Ostsee.

und dem dänischen Gedser bereitstehen als auch Fluchten aus der DDR in die offene See beziehungsweise nach Dänemark oder Schweden verhindern. Ab 1962 war es keinem Touristen mehr gestattet, den Leuchtturm zu betreten.

In diese Zeit fällt der schwerste Seeunfall der DDR-Volksmarine überhaupt, der allerdings streng geheim gehalten wurde

Aus luftiger Höhe lassen sich manchmal schon mit bloßem Auge kapitale Hirsche beobachten.

und daher in den Medien nur einen spärlichen Widerhall fand. Mitten im Kalten Krieg waren am 21. August 1968 Truppen des Warschauer Vertrages, also des östlichen Verteidigungsbündnisses, zur Niederschlagung des »Prager Frühlings« in die Tschechoslowakei einmarschiert. Die Militärs befanden sich damit in äußerster Alarmbereitschaft. Genau zehn Tage später erhielten die Besatzungen zweier am Darßer Ort stationierter Schnellboote in der Nacht den Befehl zum Auslaufen. Sie sollten die im Ostseeraum operierende Fregatte »Karlsruhe« der Bundesmarine im Auge behalten und sie verfolgen. Im dichten Nebel verlor das NVA-Schnellboot »Willi Bänsch« aber die Orientierung und stieß mit einer schwedischen Fähre zusammen. Das Schiff der Volksmarine wurde schwer beschädigt, kenterte und sank. Sieben Besatzungsmitglieder fanden den Tod. An sie erinnert ein Gedenkstein auf dem Friedhof in Dranske auf Rügen, nachdem die dortige Garnison kurz nach der deutschen Wiedervereinigung 1990 aufgelöst worden war. Zuvor hatte sich der Stein auf dem Kasernengelände befunden. Auf dem Darß selbst weist nichts auf das dramatische Geschehen im Sommer 1968 hin.

Auch im Winter zeigt sich die Halbinsel von ihrer besten Seite.

NVA-Siedlung längst vergessen

Überhaupt erinnert nichts mehr an den zu DDR-Zeiten regen Betrieb im Marinestützpunkt und in der benachbarten Bungalowsiedlung der Militärs. Diese war ab 1972 gebaut worden und bestand aus mehreren Bungalows, einem Gemeinschaftshaus, einem Hubschrauberlande- und einem Garagenplatz und weiteren Bauten auf einer rund 2,5 Hektar großen Fläche. Ein Ferienhaus trug den Namen »Hoffmannbungalow«. Hier dürfte also vorrangig der DDR-Verteidigungsminister Heinz Hoffmann seine Urlaubstage verbracht haben.

Da die ganze Region durch das Nationalparkprogramm der letzten DDR-Regierung noch im September 1990 unter strengen Naturschutz gestellt wurde, mussten alle Bauten abgerissen werden. Seit 1993 gewinnt die Natur wieder die Oberhand.

Diese Vergangenheit liefert recht einleuchtend die Erklärung für die Zutraulichkeit der Hirsche und anderer Wildtiere. Durch das zunächst aus Gründen der militärischen Geheimhaltung und dann des Naturschutzes verhängte weitgehende Jagdverbot haben sie den Menschen nicht als Feind kennengelernt.

Vor allem auf Wanderwegen nähern sie sich ohne große Scheu. Mancher Besucher fühlt sich dann wie im Zoo und schleicht sich bis auf wenige Meter an die Tiere heran. Zum Glück kann er sich gerade noch das Füttern verkneifen. Dafür ist er zu sehr mit dem Betätigen des Auslösers seines Fotoapparats oder seiner Handykamera beschäftigt.

Selbst die beeindruckende Hirschbrunft kann zwischen Mitte September und Mitte Oktober an der Nordspitze des Darßer Orts so hautnah beobachtet werden, dass manchmal sogar der Blick durchs Fernglas überflüssig ist. Oft liefern sich die männlichen Rothirsche mit einer Schulterhöhe von bis zu 1,20 Metern einen eindrucksvollen Kampf, der aber fast immer glimpflich endet. Das markante Röhren der Hirsche, mit dem Weibchen angelockt und Nebenbuhler vertrieben werden sollen, ist dann kilometerweit durch die Landschaft zu hören.

Seeadler und Kraniche am Himmel

Mitunter zeigt sich am Himmel sogar ein majestätisch fliegender Seeadler, dessen Flügel eine Spannweite von bis zu 2,40 Metern aufweisen können. Die Bestände des vor einigen Jahrzehnten noch vom Aussterben bedrohten Vogels entwickeln sich inzwischen wieder prächtig. An den Küsten von Darß und Zingst brütet er auf alten Bäumen und findet dank der vielen Wasservögel genügend Nahrung. Da hier immer mehr Wasservogelarten auch überwintern, fehlt es selbst im Winter nicht an Beutetieren.

Im Herbst konkurrieren die Hirsche und Seeadler auf dem Darß und auf dem Zingst noch mit einem nicht minder stolzen Tier um die größte Aufmerksamkeit der Besucher. Am Morgen und kurz vor der Abenddämmerung fliegen die Kraniche in ihren markanten Formationen über die Köpfe der Menschen. Als Schutz vor dem Fuchs und anderen Feinden sind die Vögel auf der Suche nach Schlafplätzen in seichten Gewässern, wie sie ihnen die Küsten bieten. Im Darßer Ort lassen sich die Kraniche erfahrungsgemäß nicht am besten beobachten. Dafür sollten sich die Naturfreunde lieber an die Meiningenbrücke kurz vor Zingst begeben. Gut 30 Minuten lang recken sich hier

Auch die Kormorane kommen den Ausflüglern am Strand unterhalb des Leuchtturms ganz nahe.

zahlreiche Köpfe in den Himmel, um sich an den lautstarken Kranichen zu begeistern. Die Gleisreste an der Brücke erinnern an die einstige Darßbahn, die vielleicht irgendwann wieder Touristen auf die reizvolle Halbinsel bringen wird.

STECKBRIEF

Als Darßer Ort wird die Nordspitze der Halbinsel Fischland-Darß-Zingst (FDZ) bezeichnet. Hier steht der markante Leuchtturm, von dem aus auch Rothirsche ausgemacht werden können. Ganz nah kommen Ausflügler den großen Tieren bei einer Wanderung auf dem Naturlehrpfad, der ein Stück vor dem Leuchtturm beginnt.

Informationen

Nationalparkamt Vorpommern in Born auf dem Darß, Tel. 03 82 34 / 50 20, www.nationalpark-vorpommersche-boddenlandschaft.de

Anreise

Der Darßer Ort ist nur zu Fuß, mit dem Fahrrad oder dem Kremser zu erreichen. Ausgangspunkte dafür sind Ahrenshoop und Prerow. Der kürzere Weg beginnt in Prerow. Die Räder können am sogenannten Nothafen angeschlossen werden, um von dort die Wanderung zu beginnen.

Erlebnismöglichkeiten

Der Leuchtturm auf dem Darßer Ort bietet nicht nur eine schöne Aussicht, sondern mit dem »Natureum« auch eine sehenswerte Naturausstellung. In jeder Jahreszeit lohnt sich ein Abstecher an den Strand, der hier besonders wild und romantisch ist.

Einkehr

Am Leuchtturm befindet sich ein kleines Restaurant mit einem Biergarten.

→ Extra-Tipp

Im Schilf der Boddengewässer der Halbinsel FDZ sind mit etwas Glück auch Robben zu entdecken. Selbst Fahrgastschiffe jagen ihnen keine Angst mehr ein. Die besten Beobachtungsmöglichkeiten garantiert aber eine Tour mit dem Kanu oder dem Kajak.

Halbinsel Wustrow

Ein geheimnisvolles Areal hinter Stacheldrahtzaun

Der hohe Zaun allein wirkt schon abschreckend genug. Immerhin zieht er sich quer über die gesamte Verbindung zwischen Land und Halbinsel und sogar noch rund 60 Meter in die Ostsee hinein. Dazu kommen Wachmänner mit Hunden und Videokameras. Doch den größten Respekt flößen Warnschilder mit der Aufschrift »Lebensgefahr! Betreten strengstens verboten, munitionsbelastetes Gebiet« ein. Dabei ist die Versuchung, einen Fuß auf die geheimnisvolle Halbinsel Wustrow zu setzen, durchaus groß. An spannenden, rätselhaften und mystischen Geschichten über diese Perle auf halbem Weg zwischen Rostock und Wismar mangelt es jedenfalls nicht. Wustrow liegt jeweils 30 Kilometer von den beiden Hansestädten entfernt. Die gute Erreichbarkeit und die Lage zwischen offener Ostsee und dem geschützten Salzhaff weckten schon vor langer Zeit unterschiedliche Begehrlichkeiten.

Die Interessenten trugen zwischen 1933 und 1993 mit kurzen Unterbrechungen vor allem militärische Uniformen. Da sie

Der Sperrzaun vor der Halbinsel zieht sich bis weit in die Ostsee.

ihr Treiben auf dem rund 10 Hektar großen Areal an der östlichen Stadtgrenze von Rerik vor den Blicken der Außenwelt schützen wollten, reglementierten sie den Zugang. Obwohl die Soldaten längst ihre Sachen gepackt haben, führt nach wie vor kein Weg nach Wustrow, jedenfalls nicht über Land. Der Halbinsel können sich Neugierige nur vom Wasser aus nähern. Dafür steigen sie in Rerik entweder auf ein Ausflugsschiff und lauschen dort den Erzählungen eines Heimatforschers oder fahren mit einem gemieteten Motorboot, das keinen Führerschein erfordert, auf eigene Faust ans Ufer. Ein Aussteigen ist zwar nicht erlaubt und angesichts möglicher militärischer Altlasten, einsturzgefährdeter Häuser und vielen großen Tieren nicht empfehlenswert. Aber wie mehrere im Internet verbreitete Filme beweisen, schlagen Wagemutige Warnungen und Verbote immer wieder in den Wind und erkunden den Ort auf eigene Faust.

Die Abriegelung der Halbinsel geht auf den Eigentümer zurück. Hinter der »Entwicklungs-Compagnie Wustrow GmbH & Co. KG« (ECW) verbirgt sich die Fundus-Gruppe aus Köln um den Großinvestor Anno August Jagdfeld. Umgerechnet 7,5 Millionen Euro sollen 1998 beim Verkauf des Areals in die Kassen des Bundes geflossen sein, nachdem die öffentliche Hand bereits eine größere Millionensumme in die Bergung von 50 Tonnen Munition gesteckt hatte. Die Fundus-Gruppe besitzt auch das Hotel Adlon in Berlin und das Grandhotel in Heiligendamm bei Bad Doberan, für das die Betreiber im Jahre 2012 Insolvenz anmelden mussten.

Abgeschottet wird die Halbinsel Wustrow heute nicht etwa, weil sich dort Verbotenes oder Geheimnisvolles abspielte. Eher das Gegenteil ist der Fall. Es passiert nämlich gar nichts. Sämtliche hochfliegende Pläne liegen schon seit dem Frühjahr 2003 auf Eis. Damals fassten die Abgeordneten des Ostseebades Rerik einen aus ihrer Sicht verständlichen, aber letztendlich folgenreichen Beschluss: »Die Befahrung des ›Wustrower Halses‹ für den motorisierten Individualverkehr wird abgelehnt«. Damit hatte der von der Fundus-Gruppe in Aussicht gestellte Bau mehrerer Hundert Eigentums- und Ferienappartements, eines Hotels, eines Golfplatzes, eines Reiterhofes und mehrerer Häfen auf der 300 Hektar großen Fläche keine Grundlage mehr. Denn die Gäste des neuen Urlauberresorts hätten die

Die Häuser hinter dem abschreckenden Warnschild stammen noch aus Wehrmachtszeiten.

Straßen des kleinen Reriks und des anschließenden »Halses« zur Halbinsel befahren müssen. Da Alternativen wie der Bau eines Tunnels oder einer Fähre schon aus Naturschutzgründen nicht infrage kamen, wurden die Arbeiten durch die Eigentümer eingestellt. Seit diesem Zeitpunkt herrscht weitgehend Funkstille zwischen der Gemeinde und den (verhinderten) Investoren. Diese waren über die Absage sogar so erbost, dass sie ab Februar 2004 keine öffentlichen Führungen über die Halbinsel mehr zuließen. Dabei gehörten sie bis zu diesem Zeitpunkt für viele Urlauber zu den interessantesten Erlebnissen in der Umgebung.

»Blonde Wildschweine« und andere Geschichten

Die Abschottung, an die die Fundus-Gruppe trotz regelmäßig verkündeter Dialogbereitschaft beider Seiten uneingeschränkt festhält, beflügelt natürlich die Legendenbildung. Es kursiert so manche Geschichte über angeblich »zurückgekehrte Russen«, »nächtliche Schießübungen« oder »blonde Wildschweine«.

Zumindest die letzte Beobachtung stimmt sogar. Denn die sowjetischen Armeeeinheiten, die kurz vor Kriegsende 1945 Wustrow besetzten, kreuzten tatsächlich Wild- und Hausschweine miteinander und überließen sie bei dem Abzug 1993 ihrem Schicksal.

Die Rote Armee fand bei ihrem Eintreffen 1945 in Wustrow eine intakte Militärstadt vor. Seit 1933 hatte die Wehrmacht hier Deutschlands größte Flakartillerieschule mit Kasernen, Flugzeughangars, einer Werft, einem Kino und einem der modernsten Schwimmbäder aufgebaut. Sämtliche Bauernfamilien mussten ihr Land räumen, um den Soldaten und Offiziersfamilien Platz für neue Unterkünfte zu schaffen. Der Rostocker Bauhaus-Architekt Heinrich Tessenow hatte eine Gartenstadt entworfen, deren Wohnungen mit fließendem Wasser ausgestattet waren und einen direkten Blick auf die Ostsee hatten. Diese Häuser an der einstigen Hindenburgstraße haben die Sprengungen nach dem Krieg in einigermaßen gutem Zustand überstanden.

Sie wurden 1947 von sowjetischen Militärangehörigen bezogen. Zusätzlich bauten sie die ehemalige Leichenhalle des Lazaretts in eine Sportstätte um und errichteten Kasernen und Garagenkomplexe für 2.300 Panzer, Fahrzeughallen und Baracken.

Seit dem Abzug der Soldaten 1993 hat sich die Natur prächtig entwickelt. Vom Schiff aus sind brütende Seeadler auszumachen genauso wie Kormorane und viele andere Vögel. Naturfreunde zählten bei ihrem letzten gestatteten Rundgang 90 Vogel- und über 500 Pflanzenarten.

STECKBRIEF

Die Halbinsel Wustrow in unmittelbarer Nachbarschaft zum Ostseebad Rerik war zwischen 1933 (Flakschule der Wehrmacht) bis 1993 (Garnison der Roten Armee) mit einer kurzen Unterbrechung nach dem Krieg militärisches Sperrgebiet. Nach der Munitionsberäumung kaufte 1998 die Kölner Fundus-Gruppe die 1.000 Hektar große Landzunge, um auf einem Drittel der Fläche eine große Ferien- und Wohnanlage zu errichten. Da aber der Ort eine zu starke Verkehrsbelastung fürchtete, lehnte die Gemeindevertretung das Konzept 2003 ab. Seitdem ist der Zugang zur Halbinsel nicht mehr möglich.

Informationen

www.insel-wustrow.de

Anreise

Rerik ist von Rostock und Bad Doberan über die B 105 und die entsprechenden Ausfahrten von der A 20 erreichen.

Erlebnismöglichkeiten

In Rerik bietet während der Saison von Mai bis Oktober ein Motorschiff Fahrten entlang der Halbinsel Wustrow, der Kroy und bis zur Insel Kieler Ort an. Los geht es montags und donnerstags jeweils um 15 Uhr, Erklärungen an Bord inklusive. Informationen unter Tel. 03 82 96 / 747 61.
Rechts von der Seebrücke in Rerik befindet sich der Schmiedeberg mit einem Aussichtspavillon, der einen Blick über den ganzen Ort und zur Halbinsel Wustrow ermöglicht.

Einkehr

Im Zentrum des Ostseebades gibt es zahlreiche Restaurants und Strandcafés mit Biergärten.

→ Extra-Tipp

Zwischen Rerik und Kühlungsborn bietet der Leuchtturm in Bastorf einen weiten Blick bis nach Rostock und Wismar. 55 Treppenstufen führen bis auf eine Höhe von über 15 Metern. Am Fuße des Bauwerks lädt ein Restaurant zum Besuch ein (www.leuchtturm-bastorf.de).

Gedser

In der dänischen Hafenstadt stößt der Entdecker auf zwei einst streng geheime Orte

Die meisten Reisenden zwischen Deutschland und Dänemark verbinden mit dem Namen Gedser nur eine Fährstation. Hier kommen sie nach knapp zweistündiger Überfahrt mit dem Schiff aus Rostock-Warnemünde an, steigen in ihre Autos und eilen weiter zu ihren Ferienhäusern und Hotels oder nach Kopenhagen und anderen Zielen in Skandinavien. Für den Ort Gedser bleibt keine Zeit. Dabei lassen sich in der Umgebung einige spannende und geheimnisvolle Orte kennenlernen, die von der bewegten Geschichte der dänischen Küstenregion und auch Deutschlands zeugen.

Für diese Entdeckertour eignet sich am besten das Fahrrad. Das kann für die knapp 20 Kilometer lange Strecke entweder aus Warnemünde mitgebracht oder im Hafen von Gedser beim Radverleih des Fährunternehmens Scandlines ausgeliehen werden. Die Räder sind gut in Schuss und recht preiswert. Die flache Wegstrecke stellt ohnehin keine besonderen körperlichen Anforderungen. Das Ziel der Reise liegt östlich der Hafeneinfahrt und zeichnet sich gleich über zwei Eigenschaften aus: »Südlichster Punkt Dänemarks« und »Südlichster Punkt Skandinaviens«. Ein Blick auf die Landkarte klärt über diese geografische Besonderheit auf.

Die rund sechs Kilometer lange Fahrt bis hierher führt durch den rund 800 Einwohner zählenden Ort vorbei an einer 100-jährigen Kirche und dem »Gedser Fyr«. Der Leuchtturm wurde bereits 1802 errichtet und deutet damit auf die strategisch günstige Lage des Ortes hin. Bis zu 50 Kilometer weit soll die Sicht von oben reichen. Die Vogelwarte neben dem Leuchtturm, den Touristen in der Hochsaison besteigen können, bietet einige Übernachtungsplätze an. Hier kann man beim Beringen von Vögeln zuschauen oder bei Interesse auch selbst Hand anlegen.

Danach führt der Weg ein kurzes Stück bergan, ehe ein mächtiger Stein auf der »Gedser Odde« die Koordinaten für den südlichsten Ort angibt: 54° 33' 34",7 Nördlicher Breite und 11° 58' 14",6 Östlicher Länge. Erst seit dem 25. Mai

1990 steht der vier Tonnen schwere Koloss aus Gneis an dieser Stelle. Auf das ehemalige Sperrgebiet hatte jahrzehntelang kein Fremder einen Fuß setzen dürfen. Ein Überbleibsel aus der jüngeren militärischen Geschichte ist das lang gestreckte Barackengebäude. »Der Beobachtungsposten war Tag und Nacht besetzt, denen entging nichts auf der Ostsee«, sagt ein ehrenamtlicher Touristenführer aus der Nachbargemeinde. »Sie sehen ja selbst diese ausgezeichnete Position. Alle Schiffe in Richtung ehemalige Sowjetunion, Finnland und Schweden oder zurück müssen hier vorbei.« Sogar Militärs aus anderen Nato-Staaten seien hier regelmäßig gesichtet worden. Heute dient die Baracke ab und zu als Imbisskiosk für Ausflügler.

Der aufmerksame Beobachter entdeckt beim Blick von der Kante der Steilküste weitere Militärbauten, die aber schon bedeutend älter und keineswegs so gut in Schuss sind wie die Baracke. Am Strand und im Wasser sind Bunker aus dem Zweiten Weltkrieg zu erkennen. Die Natur hat ihre Kräfte walten lassen und die Betonmonster von der Küstenkante stürzen lassen. Nun gehören sie der Ostsee, der sie aber schon viele Jahrzehnte widerstehen.

Skandinaviens südlichster Punkt liegt direkt gegenüber von Warnemünde in der Nähe des Fährhafens von Gedser.

Auf der Steilküste unterhielt die dänische Armee während des Kalten Kriegs im Auftrag der Nato einen Beobachtungsposten.

Die Bunker stammen aus dem dunkelsten Kapitel der deutsch-dänischen Geschichte und erinnern an die deutsche Besatzung während des Zweiten Weltkriegs. Am Morgen des 9. April 1940 waren die ersten deutschen Truppen in Gedser an Land gegangen. Sie hatten sich auf der Fähre »Mecklenburg« unter Planen versteckt. Kurze Zeit später schiffte die »Schwerin« weitere Soldaten ein. Da die Truppen auf keinen nennenswerten Widerstand stießen, fuhren sie gleich zur Storstrømbrücke weiter, die die Insel Falster (und Gedser) mit Kopenhagen verbindet. In den Folgejahren verübte der dänische Widerstand in Gedser mehrere Sabotageakte, die 1945 unter anderem zum Untergang der Fähre »Danmark« und zur Blockade eines Teils der Hafeneinfahrt führten.

1941 baute die Wehrmacht am südlichsten Punkt Dänemarks ein umfangreiches Flugabwehrsystem auf, zu dem die abgestürzten Bunker gehörten. Nach Kriegsende dauerte es noch bis 1947, bis der Fährverkehr zwischen Gedser und Warnemünde wiederhergestellt werden konnte. Doch bald führte der Kalte Krieg zur »Umleitung« eines Teils des Fährverkehrs an die Küste Schleswig-Holsteins. Bis zum Mauerbau 1961 und

Die meisten Wehrmachtsbunker sind im Laufe der letzten Jahre von der Steilküste ins Meer gestürzt.

auch danach versuchten viele DDR-Bürger die Flucht von der Fähre aus nach Dänemark und damit in den Westen. Außerdem gelangten Flüchtlinge mit den unterschiedlichsten Booten und selbst gebauten Fahrzeugen über die Ostsee nach Gedser, vor allem von der Halbinsel Darß-Zingst oder von Warnemünde aus. An diese Fluchtversuche, von denen leider viele nicht zum Erfolg führten, gibt es bis heute keine Erinnerung – weder auf deutscher noch auf dänischer Seite.

STECKBRIEF

Der dänische Fährhafen Gedser ist der südlichste Punkt Dänemarks. In der Nähe baute die Wehrmacht an einer strategisch günstigen Stelle ab 1941 Bunker zur Flugabwehr, die bis heute am Strand zu sehen sind. Im Kalten Krieg wurde von hier aus der Verkehr auf der Ostsee überwacht. Erst nach dem Fall der Mauer und den Veränderungen in Osteuropa wurde dieser Ort wieder zugänglich.

Informationen

www.gedser.net und www.scandlines.de

Anreise

Die Überfahrt mit der Fähre von Rostock-Warnemünde dauert knapp zwei Stunden. In Gedser kann man sich ein Fahrrad ausleihen oder den rund sechs Kilometer langen Weg zum Leuchtturm und weiter bis zum Stein am südlichsten Punkt Skandinaviens zu Fuß zurücklegen. Autofahrer können ihre Fahrzeuge in der Höhe des Leuchtturms parken. Von dort sind es rund zwei Kilometer bis zum Ziel.

Erlebnismöglichkeiten

In Gedser befindet sich direkt im Hafen ein Eisenbahnmuseum mit vielen Raritäten und Informationen über die Geschichte der 1902 eröffneten Eisenbahnfährverbindung nach Deutschland.

→ Extra-Tipp

Regelmäßig verkehren die Segelschiffe »Santa Barbara Anna« und »J. R. Tolkien« von Warnemünde nach Gedser. Auf ihnen dauert die Fahrt rund vier Stunden, aber man lernt die Geheimnisse des Segelns kennen und kann an Bord mit Hand anlegen.

Edvard Munch in Warnemünde

Der Birnbaum von Munchs Bild *Alter Mann in Warnemünde* steht im Garten eines Fischerhauses

Es gehört sicher nicht zu den bekanntesten Bildern von Edvard Munch. Doch das nähere Betrachten des 1907 entstandenen Werks *Alter Mann in Warnemünde* weckt sofort die Lust, dieses Motiv im bekannten Ostseebad zu suchen und dort möglicherweise weitere Spuren des norwegischen Genies zu entdecken. Munch könnte dabei gewissermaßen als Kronzeuge für die belebende Atmosphäre Warnemündes dienen, das für seine künstlerischen Traditionen viel weniger bekannt ist als etwa Ahrenshoop, Hiddensee oder Usedom. Während seines 18-monatigen Aufenthalts fand Munch hier nicht nur Entspannung und Erholung nach dem vorangegangenen Trubel in Berlin sowie seinen Depressionen und Alkoholexzessen. Die Eindrücke aus Warnemünde stimulierten ihn auch zu einer der schöpferischsten Perioden seines Lebens.

Dafür steht vor allem sein Bild *Badende Männer,* das allein schon mit seinen Maßen von 2 mal 2,20 Metern aus dem

Die Möbel in der Veranda des Hauses am Alten Strom stammen noch aus der Zeit von Edvard Munch.

Rahmen fällt. Kraft- und lustvoll stellen sich hier zwei Männer in Positur. Der genaue Ort des Motivs ist nicht genau auszumachen, doch es könnte sich um das einstige Männerbad am Strand vor dem heutigen Hotel »Neptun« handeln. Augenzeugen berichteten, dass Munch selbst »wenig bekleidet« oder »gar nackt« an der See gemalt oder fotografiert habe.

Das war vor über 100 Jahren durchaus keine Selbstverständlichkeit. Zwar zählte Warnemünde im Entstehungsjahr des Bildes 1907 schon 17.000 Gäste im Jahr. Aber die Badeordnung sah getrennte Bereiche für Männer und Frauen sowie die Pflicht zum Tragen von Badebekleidung vor. Bei Verstößen drückte die Obrigkeit kein Auge zu. Als ausgerechnet der Bade- und Kurmeister Munch Modell stand und sich nackt am Strand zeigte, wurde er sofort entlassen.

Die strengen Sittenregeln der damaligen Zeit wurden nicht nur ihm zum Verhängnis. Munch löste mit seinen Warnemünder Männerakten einen Skandal aus. Eine Hamburger Ausstellung lehnte das Werk, das der Maler später durch zwei schmale Tafeln mit einem badenden Knaben und einem Greis ergänzte, rundweg ab.

Um nun die Spur zum Originalmotiv aus dem *Alten Mann in Warnemünde* aufzunehmen, muss der Strand verlassen und ein Stück auf der Fußgängerpromenade Alter Strom spaziert werden. Kurz hinter der Brücke zum Bahnhof, an der die meisten Touristen heute umkehren, auf die andere Uferseite wechseln oder in Richtung Kirche laufen, liegt etwas versteckt das Fischerhaus mit der Hausnummer 53. Aus der Ferne deutet nichts auf die ungewöhnliche Geschichte dieses Gebäudes hin, und auch die meisten Reiseführer verlieren keine Zeile darüber. Man muss schon direkt vor dem Eingang stehen, um die Aufschrift »Edvard-Munch-Haus« lesen zu können. Wie sich herausstellt, ist in dem Gebäude jedoch kein Museum, sondern eine Begegnungsstätte mit Ateliers und zwei Wohnungen für Künstler aus Deutschland und Norwegen sowie ein Ausstellungsraum untergebracht.

Ein Blick durch die Fenster in die Veranda und die dort ausgestellten Utensilien und Bilder lässt keinen Zweifel: In dem alten Fischerhaus nahm Edvard Munch zwischen Juni 1907 und Oktober 1908 Quartier. Dabei musste er zwischendurch auch mal ins Hotel umziehen, da sich seine Haushälterin an

Auf seinem Bild *Alter Mann in Warnemünde* hat Edvard Munch auch den bis heute erhaltenen Birnbaum verewigt.

den fotografischen Aktstudien mit Modellen aus Berlin gestört hatte. Wie er in vielen Briefen versicherte, hatte sich Munch hier aber ausgesprochen wohl gefühlt.

Der Lotse und Vermieter stand Modell

Aber zurück zu dem porträtierten Mann und den Birnbaum aus dem *Alten Mann in Warnemünde.* Konnte sich letzterer vielleicht über die vielen Jahre hinweg gehalten haben? Die

Spannung steigt beim Gang durch das renovierte und umgebaute Fischerhaus, bis sich endlich die Tür zum kleinen Garten öffnet. Gegenüber steht tatsächlich noch der Baum mit kräftigem Stamm und vielen Ästen! Munch hatte hier sein Motiv gefunden und den Hauseigentümer und Lotsen Carl Nielsen auf die Leinwand gebracht.

Da der Baum schon zu Munchs Zeiten einen beachtlichen Stammumfang aufgewiesen hatte, müsste er jetzt mehr als 200 Jahre alt sein. Der Künstler selbst dürfte sich weniger im Garten als in der verglasten Veranda vor dem Haus aufgehalten haben. Von hier aus beobachtete er das Treiben auf dem Alten Strom und auf dem Fußweg. Außerdem experimentierte er mit einem Fotoapparat, wie die Selbstporträts und Fotos von der Haushälterin zeigen.

Ein weiteres Bild von Munch lässt sich auf ein Warnemünder Motiv zurückführen. *Der ertrinkende Junge,* 1908 fertiggestellt, bezieht sich auf einen tatsächlichen Unglücksfall, der sich Am Strom und ganz in der Nähe von Munchs Haus ereignet hatte. Auch die Werke *Marats Tod II* und der Zyklus *Das grüne Zimmer* entstanden hier.

Im Herbst 1908 reiste Munch ziemlich überstürzt aus dem Seebad ab, nachdem er zuvor eine ganze Weile in verschiedenen Gaststätten täglich dem Alkohol zugesprochen hatte. »Es ist ein furchtbar bürgerlicher Ort und passt eben nicht für mich«, schrieb er an einen Freund. In Kopenhagen begab er sich umgehend in eine Nervenheilanstalt.

In das Haus Am Strom 53 zog wieder Ruhe ein. Und über Munch machte in Warnemünde ein Satz die Runde, den die ortsansässigen Fischer verbreitet haben sollen: »Munch war ein sehr feiner, aber auch ein etwas unanständiger Kerl.«

Zu DDR-Zeiten fand die wichtige Warnemünder Etappe im Leben von Munch kaum eine Beachtung. Erst 1987 machte eine Kunsthistorikerin die norwegische Botschaft in Berlin auf das Fischerhaus aufmerksam und schlug eine öffentliche Würdigung vor. In der damals beginnenden Wendezeit passierte jedoch nicht mehr viel. Das änderte sich erst mit dem Fall der Mauer. Ein norwegisches Fernsehteam interviewte 1990 die letzte Bewohnerin des heruntergekommenen Gebäudes, die erstaunliche Dinge über Munchs Zeit in Warnemünde zu erzählen wusste. Es handelte sich um die Tochter eines Fischers,

In Warnemünde fand Edvard Munch zahlreiche Motive. Dies war sein Wohnhaus.

der mit seiner Frau nach dem Lotsen Carl Nielsen hier eingezogen war. Als Sechsjährige hatte sie Munch sogar noch selbst erleben können. Sie starb kurze Zeit nach dem Interview im Alter von 79 Jahren.

Der Film hatte das öffentliche Interesse an dem Haus geweckt. 1996 wurde es von einem Förderverein erworben und schrittweise zur Begegnungsstätte ausgebaut.

STECKBRIEF

Der norwegische Avantgardist Edvard Munch (1863–1944) verbrachte fast acht Jahre in Deutschland, wobei der 18-monatige Aufenthalt in Warnemünde 1907 bis 1908 zu den wichtigsten Stationen zählte. Im Seebad wohnte er vor allem im Fischerhaus Am Strom 53. Es wurde zwischen 1996 und 1998 restauriert und als »Edvard-Munch-Haus« eröffnet. Deutschen und norwegischen Künstlern dient es als Begegnungsstätte sowie als zeitweiliger Arbeits- und Wohnort. Es finden regelmäßig Veranstaltungen statt.

Informationen

Geöffnet jeden Dienstag von 11 bis 18 Uhr.
www.edvard-munch-haus.de, Tel. 03 81 / 548 66 08

Anreise

Das Haus liegt an der linken Seite des Alten Stroms, kurz hinter der Brücke zum Bahnhof Warnemünde (Richtung Rostock).

Erlebnismöglichkeiten

Der Alte Strom ist eine beliebte Flaniermeile mit Restaurants und Geschäften, die auch sonntags geöffnet sind.

Einkehr

Es mangelt nicht an Gaststätten, wobei sich auch ein Blick in die zweite Reihe lohnt.

→ Extra-Tipp

In der Alexandrinenstr. 60 und damit parallel zum Alten Strom erinnert das Hotel und Restaurant »Ringelnatz« an den Schriftsteller, Kabarettisten und Maler Joachim Ringelnatz (1883–1934), der vor allem durch seine humoristischen Gedichte um die Kunstfigur Kuttel Daddeldu bekannt geworden ist. Es gibt regelmäßig Ausstellungen mit Werken von Ringelnatz und anderen Künstlern sowie Lesungen und Konzerte (www.ringelnatz-warnemünde.de).

Nosferatu

1921 wurde Wismar zu Wisborg und zum Drehort der ersten Dracula-Verfilmung

Wenn die Nebelschwaden von der Ostsee her in den Hafen ziehen und das mächtige Stadttor umhüllen, dann spielen sich in der Fantasie seltsame Szenen ab. Dann entsteigt Graf Orlok einem eigentümlichen Segelschiff. An Bord befinden sich nur ein paar Särge und Ratten, weil die ganze Mannschaft der Pest zum Opfer ist. Mit langsamen Schritten schleicht der Graf durch das große Tor in der Stadtmauer. Ein großer Schatten auf der Mauer zeigt das Abbild eines glatzköpfigen Mannes im Mantel mit Hakennase und Krallenhänden. Spätestens an dieser Stelle wissen die Filmkenner Bescheid. Bei dem seltsamen Gast muss es sich um den Blutsauger »Dracula« aus den Karpaten handeln, der nach Wisborg gekommen ist, um ein Haus zu kaufen. Damit die Stadt vor der Pest verschont werden kann, gibt es laut Filmstoff nur eine Rettung: Die Frau des Immobilienmakler-Gesellen Hutter muss sich opfern. Der Vampir Graf Orlok saugt das Blut aus ihrem Hals und ist bei Sonnenaufgang verschwunden. Die Frau stirbt, aber die Stadt ist gerettet.

Der Horror-Streifen *Nosferatu* zählt schon lange zu den Filmklassikern. Zwecks Mythenbildung ließ der Regisseur Friedrich Wilhelm Murnau den Drehort der ersten Verfilmung lange Zeit geheim halten. Daran hielten sich die Beteiligten offenbar, denn bis heute ist das Erstaunen über die einst verborgenen Details groß. Bei Wisborg handelt es sich jedenfalls um die Hansestadt Wismar an der Ostseeküste. Erst zum 90. Jubiläum der ersten Filmaufführung im Jahre 2012 erinnerte die Stadt mit einem Jubiläumsfest an die Dreharbeiten im Hafen und an anderen Orten in der Stadt.

Seit dem runden Jahrestag weist eine Gedenktafel im Stadttor gegenüber der Hafeneinfahrt auf das 1921 hier gedrehte »Meisterwerk des Expressionismus« hin. Bei einem Spaziergang lassen sich noch einige weitere Schauplätze des Monumentalfilms lokalisieren, auch wenn die meisten Häuser längst in frischen Farben strahlen. Zu Murnaus Zeiten sah die Stadt natürlich noch etwas anders aus. Bei dem ersten außerhalb der

Der Wismarer Marktplatz gehörte zu den Kulissen des ersten *Nosferatu*-Films von Friedrich Wilhelm Murnau.

sicheren UFA-Studios gedrehten Film kam es ihm gerade auf düster wirkende Kulissen an. Die fand er in Wismar und später auch in Lübeck.

Alte Fotografien aus den 1920er-Jahren zeigen Wismar als einen Ort mit dunklen und engen Gassen und Häusern mit einem offensichtlich recht feuchten Fachwerk. All das passte wunderbar zu der beabsichtigten »Symphonie des Grauens«, die Murnau nach der Vorlage des Romans *Dracula* von Bram Stoker aus dem Jahre 1897 produzieren wollte.

Vor allem in der St. Georgen-Kirche und in der Heilig-Geist-Kirche lässt sich mit etwas Fantasie leicht die Zeit zurückdrehen. An der dunklen und wuchtigen Nikolaikirche entstand die Szene, in der die Frau des Maklers vor dem Vampir flieht. So wie hier verzichteten die Kulissenbauer auch an den meisten anderen Schauplätzen auf zusätzliche Bauten.

Im historischen Streifen entdeckt der Zuschauer unter anderem den beeindruckenden Marktplatz, der mit einem Hektar Fläche zu den größten im Land zählt und auf dem sich die Biedermeierarchitektur ganz kontrastreich zu den gotischen Kirchenbauten abhebt. Auch dieser Gegensatz dürfte die

Durch diese Hafeneinfahrt steuerte der Blutsauger Dracula sein Segelschiff in die Stadt Wisborg.

Entscheidung Murnaus für Wismar beeinflusst haben. Außerdem kam ihm sicher die Ruhe im Hafen entgegen. Im Gegensatz zum regen Betrieb in Hamburg, Bremen und sogar Rostock störten hier keine regelmäßig ein- und ausfahrenden Schiffe die Filmaufnahmen.

Nicht genau zu lokalisieren ist die Stelle, an der die sich opfernde Frau im weißen Nachthemd in der Veranda steht und Nosferatu erwartet. Am ehesten kommt noch der Hof der Heilig-Geist-Kirche infrage. Aber bei einem Rundgang durch Wismar lassen sich viele mögliche Orte finden. Der Fantasie sind keine Grenzen gesetzt.

STECKBRIEF

Der Regisseur Friedrich Wilhelm Murnau drehte 1921 im mittelalterlichen Wismar den Film *Nosferatu*, den ersten Blutsaugerfilm der Welt. Als Vorlage diente der 1897 erschienene Roman *Dracula* von Bram Stoker. Das düstere und mystische Wismar wurde zur Stadt Wisborg. Drehorte waren der alte Markt mit der Wasserkunst und der Silhouette der Marienkirche, das Wassertor, der Hafen mit den Häuserzeilen und der Hof der Heilig-Geist-Kirche.

Informationen

Am Wassertor erinnert eine Gedenktafel an die Dreharbeiten.

Anreise

Wismar ist über die Ostseeautobahn A 20 sowohl von Hamburg als auch von Berlin aus gut zu erreichen.

Erlebnismöglichkeiten

Den schönsten Überblick über die seit 2002 zum Unesco-Welterbe gehörende Hafenstadt bietet der Turm der Marienkirche. Das Kirchenschiff selbst wurde im Zweiten Weltkrieg stark beschädigt und 1960 endgültig abgerissen.

Einkehr

Direkt am Marktplatz lädt das historische Restaurant »Der alte Schwede« zum Besuch ein. In der Nachbarschaft vom Wassertor empfiehlt sich das Restaurant »New Orleans«.

→ Extra-Tipp

Seit einigen Jahren dienen die Straßen und Plätze wieder als Filmkulisse. Hier wird die Krimi-Serie »Soko Wismar« gedreht. Fast täglich findet eine spezielle Stadtführung zu den Schauplätzen der Filmreihe statt (www.wismar.de).

Lankow

Ein Dorf im Schussfeld der Grenzer

»Nach Lankow?«, wiederholen die drei Männer in dem kleinen Dorf Gut Mustin im äußersten Nordwesten Mecklenburgs und schütteln den Kopf. »Da steht doch längst nichts mehr«, meint der Älteste des Trios, das sich gemütlich auf einer Bank niedergelassen hat. Den Weg dorthin könne man sich jedenfalls sparen. Es sei denn, so fügt er lächelnd hinzu, man interessiere sich für alte Fundamente und Obstbäume eines verschwundenen Dorfes. Ohne es zu wissen, hat er der Suche nach Lankow damit den letzten Ausschlag gegeben. Wie kann es sein, dass ein ganzes Dorf von der Landkarte verschwindet?

Der Hinweis auf das geheimnisvolle Lankow kommt von einem Mitarbeiter des Museums »Grenzhus Schlagsdorf«. Durch eine Ausstellung und den Nachbau einer Grenzsicherungsanlage mit originalen Zäunen, Sperren und einem Beobachtungsturm will das Museum die Erinnerung an die 28 Jahre dauernde deutsch-deutsche Teilung wachhalten. Bei Lankow

Solche in Schlagsdorf ausgestellten Streckmetallzäune gehörten zu den Sperren an der innerdeutschen Grenze.

Nur noch ein Gedenkstein erinnert an das Dorf Lankow, das wie andere Orte nicht ins Grenzregime passten.

soll es sich um ein sogenanntes geschleiftes Dorf handeln, das der Grenze weichen musste, um den DDR-Grenztruppen ein freies Beobachtungs- und Schussfeld zu ermöglichen. Auf ein erstes »Beweisstück« hierfür muss nicht lange gewartet werden. Auf dem Uferweg rund um den Lankower See, durch den bis zum 9. November 1989 die Grenze verlief, liegen Reste des Streckmetallzauns. Eine Konstruktion, die sich bis heute erheblich von der Machart anderer Zäune unterscheidet. Das scharfkantige und enge Geflecht sollte ein mögliches Festkrallen mit den Fingern und damit das Überklettern der Barriere verhindern.

Eigentlich sah das Grenzregime jedoch vor, Republikflüchtlinge schon vor dem Zaun aufzuspüren und festzunehmen. Genau diesem Ziel fielen mehrere Dörfer in unmittelbarer Nachbarschaft zur deutsch-deutschen Trennungslinie zum Opfer. Im Nordwesten Mecklenburgs waren neben Lankow auch die Orte Bardowieck und Neuhof betroffen.

Wie gründlich diese uralten Dörfer für immer aus der Landkarte radiert wurden, zeigt sich auf der Suche nach möglichen Resten von Lankow. Hätten nicht rührige Einwohner aus der ehemaligen Nachbargemeinde Dechow im Jahre 2009 einen Gedenkstein mit der Aufschrift »Lankow 1209–1976 Geschleift« am früheren Ortseingang aufgestellt, würde diese buchstäblich ins Leere laufen. So aber kann man hinter dem Felsbrocken die einstige Dorfstraße erkennen. Sie führt nach rund 200 Metern direkt an den Lankower See, an dessen Ufer tatsächlich noch Ziegel und Mauerreste der abgerissenen Häuser liegen. Von den Gebäuden selbst, in denen bis 1976 Bauern, ein Stellmacher und ein Schäfer wohnten, die Kinder zur Schule gingen oder sich die Einwohner ein Feierabendbier und den Sonntagsbraten gönnten, gibt es bis auf wenige Fundamente keine Spuren mehr. Lediglich die großen Apfelbäume erinnern an den vergangenen, ganz normalen Dorfalltag.

»Ungeziefer« und »Kornblume«

Wie sich bei Recherchen in der Umgebung herausstellt, hatte das planmäßige Ausradieren des Dorfes schon lange vor den 1976 eingesetzten Planierraupen begonnen. In einer ersten Aktion unter dem bezeichnenden Namen »Ungeziefer« waren schon 1952 »unliebsame Einwohner« aus dem 500 Meter breiten Schutzstreifen und der fünf Kilometer tiefen Sperrzone hinter der Demarkationslinie ausgesiedelt worden. In der gesamten DDR waren hiervon mehr als 8.000 Menschen betroffen, darunter auch einige aus dem damals rund 100 Bürger zählenden Lankow. Anderthalb Monate nach dem Mauerbau in Berlin im Jahre 1961 folgte an der sogenannten grünen Grenze die Aktion »Kornblume«, in der vor allem alteingesessene Bauern- und Handwerkerfamilien unter meist fadenscheinigen Gründen ihre Heimat verlassen mussten.

Das geschah oft über Nacht. Kampfgruppenmitglieder aus größeren Betrieben verluden das Hab und Gut auf Lastwagen und beförderten die Betroffenen in eine Wohnung weit im Hinterland. Nach und nach verließen die Einwohner mehr oder weniger freiwillig ihren Heimatort. Die Lebensqualität hatte ohnehin durch die ständigen Kontrollen des Stempels im Ausweis an der Zufahrtsstraße und das Besuchsverbot für nicht hier ansässige Bewohner bereits gelitten. Da half auch die Renovierung der Häuserfassaden zwischen 1969 und 1972 nicht viel, zumal davon nur die vom Westen aus sichtbaren Gebäudeteile betroffen waren.

Nach dem politischen Umbruch 1989/90 gab es Initiativen, Lankow oder das 1977 geschleifte Neuhof wiederzubeleben. Dem kamen allerdings Naturschützer zuvor, die hier eine reiche, durch die lange Abgeschiedenheit begünstigte Tier- und Pflanzenwelt entdeckten. So wurde Lankow Teil des »grünen Bandes«, das Deutschland von Nord nach Süd entlang des einstigen Grenzzauns durchzieht. Zum Glück hat die Natur noch nicht alle Spuren des Dorfes beseitigt, auch wenn sich bei der Suche mitunter Gänsehaut einstellt.

STECKBRIEF

Das bereits 1209 urkundlich erwähnte Lankow fand sich nach dem Ende des Zweiten Weltkrieges 1945 plötzlich an der Grenze zwischen der sowjetischen und britischen Besatzungszone wieder, die wenig später Teil der bestbewachten Trennungslinie in Mitteleuropa werden sollte. Um Fluchtversuche zu verhindern, mussten zahlreiche Einwohner in den Aktionen »Ungeziefer« (1952) und »Kornblume« (1961) unter oft fadenscheinigen Begründungen ihre Heimat verlassen. Der Rest musste ihnen bis 1976 folgen, damit die Grenzsoldaten ein freies Beobachtungs- und Schussfeld erhielten. Die Häuser wurden abgerissen und die Reste teilweise in den Lankower See geschoben.

Anreise

Von der Bundesstraße 208 aus Wismar (Ausfahrt von der A 20) über Gadebusch nach Ratzeburg zweigt hinter dem Ort Gut Mustin am Ende eines Hügels ein Fahrweg nach rechts in den Wald ab. Dieser führt direkt zum verschwundenen Dorf Lankow mit einem Erinnerungsstein.

Erlebnismöglichkeiten

Das ehemalige Grenzgebiet liegt heute im Biosphärenreservat Schaalsee, westlich schließt der Naturpark Lauenburgische Seen an. Die Region bietet sich für ausgedehnte Wanderungen und Fahrradausflüge an. Es gibt regelmäßig geführte Exkursionen in die Natur (www.schaalsee.de).

Einkehr

In Thandorf bei Schlagsdorf bietet das »Café Kreuzstich« in schöner Umgebung Gebackenes und Geräuchertes zum Verzehr an (www.tolletorten.de).

→ Extra-Tipp

Im unweit von Lankow entfernten Schlagsdorf zeigt das »Grenzhus Schlagsdorf« den Alltag auf der östlichen Seite der Grenze. Zeitzeugen erinnern sich an den Umgang mit der Teilung, das Verhältnis zu den Grenzsoldaten und den Fall der Grenzzäune. Auf einem Freigelände kann anhand originaler Elemente der Aufbau der Sperranlagen nachvollzogen werden.

Schwarzer See

Über Nacht verschwand ein ganzer See mitsamt Weg und Bagger

Irgendwo im meterdicken Moor steckt seit mehr als drei Jahrzehnten ein großer Bagger fest. Gesehen hat ihn seit jener verhängnisvollen Nacht vom 15. auf den 16. Juni 1978 niemand mehr. Mit dem schweren Gerät wurden auch mächtige Eichen und andere Bäume in die Tiefe gerissen. Heute ragen nur noch ihre Äste aus dem trüben Wasser heraus. Sie sind die stummen Zeugen eines Ereignisses, um das sich viele Legenden ranken. Bis heute sind längst noch nicht alle Geheimnisse um das Verschwinden des Schwarzen Sees, auf manchen Karten auch als »Kleiner See« bezeichnet, bei Sagsdorf gelüftet.

Wer diesen Geheimnissen auf der Spur ist, steht heute in Gedanken versunken an der hölzernen Absperrung am Ende des breiten Waldweges aus Richtung Sagsdorf und betrachtet die Hinterlassenschaften des Erdrutsches. Auf einer Tafel haben Fachleute des Naturparks Sternberger Seenland die wichtigsten Erkenntnisse über das damalige Geschehen festgehalten.

Abgestorbene Bäume im Wasser erinnern an das vermeintliche Verschwinden des Schwarzen Sees bei Sagsdorf.

Hinter diesem Zaun liegt die Bruchstelle des Schwarzen Sees.

Demnach soll der Einbruch von rund 8.000 Kubikmetern Erde und Kies durch vorangegangene Planierarbeiten ausgelöst worden sein. Ziel war der Bau einer Plattform für das Betanken von Löschfahrzeugen gewesen. Diese brauchten in trockenen Sommern oft viel Wasser, um die durch Züge der nahen Eisenbahnstrecke ausgelösten Waldbrände zu löschen.

Die auf dem Seeboden liegende Faulschlammschicht konnte dem Druck der Erd- und Kiesmasse nicht standhalten, drückte sich nach oben und »verschlang« alles Oberirdische: Uferstreifen, Wege, zurückgelassene Arbeitsutensilien und auch den besagten Bagger. Selbst das meiste Wasser des 37.000 Kubikmeter großen Sagsdorfer Sees war verschwunden, wie die Originalaufnahme aus einer Tageszeitung beweist. Einige Einwohner berichteten darin von einem leichten Grollen im Boden, das sie aus der Ferne vernommen hätten. Erst nach und nach füllte sich das Gewässer wieder, wenn auch nur teilweise. Die Abbruchkante wirkte sogar wie ein Damm, an dem sich das Wasser für eine zweite Seenfläche staute. Die ist heute längst nicht so trüb wie die des verschlammten Teils.

Viel interessanter als die wissenschaftlichen Erklärungen über den Erdrutsch klingen jedoch die Legenden über ein

»Werk des Teufels« oder eine »Rache der Natur«. Die Arbeiten im Wald und an dem bis dahin beliebten Angelsee stießen in jener Zeit nicht überall auf helle Begeisterung. An die damals um sich greifende Schadenfreude über den Erdrutsch und das Verschwinden des Sees erinnern sich ältere Einwohner jedenfalls bis heute genauso deutlich wie an die große Neugierde vieler Menschen aus nah und fern an dem nicht alltäglichen Ereignis.

STECKBRIEF

Am 16. Juni 1978 verschwand der Schwarze See von der Oberfläche. Nach einem leichten Grollen blieben nur noch Morast und Schlamm übrig, in dem auch ein Weg und ein Bagger versanken. Ursache für den Erdrutsch war das Auftragen eines Kiesbetts für einen Damm. Dessen Gewicht war für die Faulschlammschlicht einfach zu groß, sodass der Druck alles in die Tiefe riss.

Anreise

In Sternberg führt die Bützower Straße nach Norden. Hinter dem Ortsausgang zweigt eine Landstraße links nach Sagsdorf ab. Dort endet die Straße Am Walde an einem mit einer Schranke versperrten Waldweg. Dieser führt etwa zwei Kilometer immer geradeaus zum Schwarzen See mit einem Geländer, einer Bank und einer Hinweistafel.

Erlebnismöglichkeiten

Die Umgebung des Sees lädt zu ausgedehnten Wanderungen und Radtouren ein. Die nahe Stadt Sternberg besitzt einen mittelalterlichen Stadtkern und ein Info-Zentrum für den Naturpark Feldberger Seen.

→ Extra-Tipp

Rund um Sternberg gibt es zahlreiche Angebote für Kanu-Touren auf der Warnow. Interessenten können sogar ein Schlauchboot für mehrere Insassen mieten.

Kirchenforst Pasewalk

Mitten im Wald liegen Teile des größten Berliner Spionagetunnels

Das Berliner Alliiertenmuseum wurde beim Anruf aus Pasewalk sofort aufmerksam. Sollten sich im Waldboden am Rande der Stadt tatsächlich Teile des einst größten Spionagetunnels zwischen West- und Ost-Berlin befinden? Der Mann am Telefon klang jedenfalls sachkundig und glaubwürdig. »Ich kenne mich mit diesen Sachen aus«, behauptete der frühere NVA-Zivilbeschäftigte Werner Sobolewski. »Ich habe einzelne Elemente dieses Tunnels schon vor vielen Jahren einmal gesehen und bin jetzt durch Zufall wieder auf Reste der Betonröhre im Kirchenforst gestoßen.« Das Internet habe ihn auf das Alliiertenmuseum gebracht, weil hier schon ein Teil des Tunnels aus den 1950er-Jahren ausgestellt wäre.

Die Fachleute des Museums an der Berliner Clayallee konnten ihr Glück zunächst kaum fassen. Es bestand die Chance, neben dem in ihrer Ausstellung gezeigten Tunnelabschnitt aus

Werner Sobolewski entdeckte im Wald bei Pasewalk Teile des Berliner Spionagetunnels aus den 1950er-Jahren.

dem früheren West-Berlin, das 2005 beim Bau der Autobahn entdeckt worden war, ein Element aus dem Osten auszustellen. Damit ließe sich nicht nur ein spannendes Kapitel des fast vergessenen Kalten Krieges dokumentieren, sondern auch überraschende Fundstücke nach der politischen Wende 1990 zu einem authentischen Gesamtbild zusammenfügen.

Der Tunnel allein steckt schon voller Geheimnisse. Immerhin hatte man die einzelnen Abschnitte einst in den USA hergestellt, getarnt durch die Sowjetische Besatzungszone transportiert, in West-Berlin als Teil einer angeblichen Radarstation gelagert und schließlich unterirdisch in den Osten geschoben.

Im Sommer 2012 machten sich deshalb die Verantwortlichen des Alliiertenmuseums auf den Weg nach Pasewalk, um das vermeintliche »Wunder im Kirchenforst« unter die Lupe zu nehmen. Nach einer rund 20 Minuten dauernden Fahrt mit dem Pkw vom Bahnhof und einem kurzen Fußweg durch den Wald präsentierte Werner Sobolewski seine Entdeckung hinter einigen mannshohen Büschen. Ohne besondere Theatralik wies er auf eine von ihm ausgehobene Erdhöhle hin, in der tatsächlich der Anfang eines Tunnelsegments zu erkennen war. Nach prüfenden Blicken auf die Verschraubungen, Bolzen und Nieten bestand für die Fachleute des Alliiertenmuseums kein Zweifel mehr: Sie standen vor einem sieben Meter langen Tunnelsegment, das dem amerikanischen und britischen Geheimdienst 1955 und 1956 das Anzapfen der Telefonleitungen der sowjetischen Armee ermöglicht hatte. In elf Monaten wurden damals Tausende Gespräche zwischen der Zentrale in Berlin-Karlshorst und dem Oberkommando im südlich von Berlin gelegenen Wünsdorf mitgeschnitten. Das entsprechende Kabel verlief direkt unter der Schönefelder Chaussee unweit der Grenze zwischen dem amerikanischen Sektor und der Sowjetischen Besatzungszone beziehungsweise der DDR. Die in London und Washington entschlüsselten Gespräche füllten rund 50.000 Bänder mit einem Gesamtgewicht von 25 Tonnen.

Im Gegensatz zum großen Aufwand der insgesamt 450 Meter langen Tunnelröhre, die sich auf 300 Meter Länge unter östlichem Territorium befand, stand ihr geringer Nutzen. Der britische Doppelagent George Blake hatte dem sowjetischen Geheimdienst schon frühzeitig über das Projekt berichtet. Die Russen wiederum schlachteten die vermeintliche Enttarnung

Die in den USA hergestellten und durch die Sowjetische Besatzungszone transportierten Tunnelelemente befinden sich im guten Zustand.

der Spionageaktion später in einem regelrechten Propagandafeldzug gegen den Westen aus.

Doch wie waren die »östlichen Tunnelelemente« ausgerechnet nach Pasewalk gekommen? Und wie konnte der Finder sie überhaupt als historisches Relikt identifizieren? Diese Fragen beantwortete Werner Sobolewski sogleich vor Ort und verwies mit einem Lächeln auf den »Zufall«.

Ein verdächtiges Loch im Waldboden

Bei der Suche nach Brennholz für den heimischen Kamin im Pasewalker Kirchenforst war ihm zuerst ein rund 30 Zentimeter tiefes Loch im Waldboden aufgefallen. Er nahm seinen Handschuh, griff in die Öffnung in der Moosschicht und stieß auf Metall. »Jemand könnte ja hier einen Schatz vergraben haben. So dachte ich jedenfalls im ersten Augenblick«, erinnerte sich der seit der Wende im Dienst der Bundeswehr stehende Mann. »Doch dann schob ich mit den Händen immer mehr

Der Pasewalker Kirchenwald steckt durch die lange Präsenz der Militärs noch voller Geheimnisse.

Erde zur Seite und machte eine unglaubliche Entdeckung: In der Erde lagen Teile eines Tunnels, wie ich sie das letzte Mal 1972 beim Bau einer Eigenheimsiedlung für NVA-Beschäftigte zu Gesicht bekommen hatte.«

Damals habe ein Offizier von einem Spionagetunnel zwischen West-Berlin und der DDR gesprochen, dessen Überbleibsel jetzt in einer Kaserne herumliegen würden. Mangels Alternativen habe der Vorschlag gelautet, die Röhren senkrecht aufzustellen und als Betonsilo zu verwenden. Auch wenn sich die Idee später als unbrauchbar erwies, hat Werner Sobolewski die Geschichte von den Tunnelresten nicht vergessen.

»Wahrscheinlich wurden die 1956 ausgegrabenen Tunnelteile zu NVA-Pioniereinheiten in der ganzen DDR geschickt«, vermutet der Finder. »Vielleicht haben die Soldaten darin trainiert und sich die Kommandeure bei Übungen in solchen Unterständen aufgehalten. Jedenfalls besteht das sieben Meter lange Rohrteil aus bestem amerikanischen Stahl, der kaum Rostflecken aufweist.« Nur die Dachpappe unter der gut 30 Zentimeter dicken Erdschicht stamme aus DDR-Produktion. Sie sei aber eigentlich nutzlos gewesen.

STECKBRIEF

Für Übungszwecke und als Unterstände nutzte die NVA im Kirchenforst Pasewalk Teile des einst größten Spionagetunnels zwischen West- und Ost-Berlin aus der Mitte der 1950er-Jahre. Für die Ausstellung auf dem Tempelhofer Feld sicherte sich das Berliner Alliiertenmuseum Ende 2012 einen Tunnelabschnitt. Im Kirchenforst werden noch weitere Teile vermutet.

Informationen

Weitere Details über Hintergründe bietet das Alliiertenmuseum in Berlin (www.alliiertenmuseum.de)

Anreise

Pasewalk ist gut über die Autobahn A 20 oder die B 109 aus Richtung Berlin zu erreichen. Es bestehen gute Zugverbindungen. Die Einfahrt zum Kirchenforst erfolgt von der Bundesstraße B 109 (Prenzlauer Chaussee), rund zwei Kilometer hinter der südlichen Stadtgrenze. Auf der anderen Seite des Fundortes verläuft die Brölliner Chaussee.

Erlebnismöglichkeiten

Pasewalk besitzt noch ein kleines mittelalterliches Zentrum. Von der einst 2.488 Meter langen und ursprünglich acht Meter hohen Stadtmauer sind noch einige Abschnitte erhalten. Im Prenzlauer Tor befindet sich das städtische Museum und die Gedenkstätte für den 1938 verstorbenen Künstler Paul Holz.

Einkehr

An das »Hotel Pasewalk«, Dargitzer Straße 26-29, ist ein täglich geöffnetes Restaurant angeschlossen.

→ Extra-Tipp

In der Nachbarschaft des Pasewalker Bahnhofes betreibt der Verein »Lokschuppen Pomerania« das größte Eisenbahnmuseum Mecklenburg-Vorpommerns. Zu den Schätzen des Museums gehören sieben Wagen des ehemaligen Regierungszuges der DDR, der Discowagen des Autoreisezuges

»Tourex« von Ost-Berlin über Budapest nach Varna sowie der Konferenzwagen des Verteidigungsministers. Im Lokschuppen steht eine 1955 in Potsdam-Babelsberg gebaute Dampflok der Baureihe 65 und eine Güterzugdampflok der Baureihe 50 aus dem Jahre 1941 (www.lokschuppen-pomerania.de).

In gut 150 Meter Entfernung vom ersten Fundort stieß der noch immer in Pasewalk lebende Armeeangehörige auf ein weiteres Tunnelelement. Dass es hier noch viel mehr Teile gibt, davon ist auch Rainer Lemke vom zuständigen Gemeindekirchenrat überzeugt: »Unser Kirchenforst war zu DDR-Zeiten ein großes Übungsgebiet«, erinnert er sich. »Überall gab es große Löcher, in denen sogar ganze Lkw und Panzer verschwanden.« Deshalb sei es gut möglich, dass die Soldaten zur Tarnung auch solche Tunnelelemente genutzt haben.

Für eine systematische Suche sind die Land- und Manöverkarten der einstigen NVA jedoch kaum hilfreich. In den vergangenen zwei Jahrzehnten hat die Natur Wege und ehemalige Freiflächen verschwinden lassen. Einstige Löcher sind längst zugewachsen. Nur durch Zufall könnten im Pasewalker Kirchenforst weitere Geheimnisse gelüftet werden.

Funkstation im Atombunker

Das geheime »Hauptpostamt« sollte nur im Ernstfall den Betrieb aufnehmen

Ein Hauptpostamt befindet sich gewöhnlich nicht mitten im Wald. Das trifft natürlich auch auf die 140 Kilometer nördlich von Berlin gelegene Stadt Pasewalk zu. Dennoch wissen vor allem alteingesessene Bewohner bei dem Begriff sofort Bescheid. Hinter dem Namen »Hauptpostamt« verbirgt sich im Sprachgebrauch der Pasewalker ein Geheimbunker der NVA im Bröllиner Wald, unweit der heutigen Bundesstraße 109. Bis zum Herbst 1989 war kaum ein Außenstehender in den Sinn und Zweck der abgeschirmten und mit einem doppelten Signalzaun gesicherten Anlage eingeweiht gewesen. »Irgendetwas mit Postverbindungen« oder »Abhörstation«, lauteten die gebräuchlichsten Umschreibungen. Der Begriff »Hauptpostamt« bürgerte sich erst nach der Wende 1990 ein, als es in politischen Debatten um die Zukunft des geheimnisumwitterten Areals ging.

Im Ernstfall sollten sämtliche Verbindungen zwischen den Truppenteilen der DDR und der Sowjetunion über die 1982

Signaldrähte vor dem eigentlichen Sperrzaun schützten die Funkstation im Wald vor möglichen Eindringlingen.

Mitten auf dem Gelände der »Hauptpost« befanden sich die Eingänge zum unterirdischen Bereich.

und 1983 erbaute Anlage laufen. Die sogenannte Übertragungsstation war Teil der Kommunikationskette und diente wohl auch dem Abhören von Telefongesprächen aus den nördlichen Bezirken in Richtung Osten. Wahrscheinlich war das der Grund, warum man annahm, es handele sich um eine »Poststation«. Schließlich unterstanden zu DDR-Zeiten sämtliche Telefonangelegenheiten der Deutschen Post.

Damit kein Feind oder dessen Waffen den hochempfindlichen Apparaturen zu nahe kommen konnten, wurden diese tief in der Erde vergraben. Dort sollten sie sogar einem Atomschlag oder einem Chemiewaffenangriff widerstehen. Bis heute erkennt man deshalb in dem Labyrinth aus Gängen sowie Technik- und Unterkunftsräumen spezielle Lüftungs- und Filtersysteme zur Frischluftversorgung sowie Schleusen und Entgiftungsanlagen. Leistungsstarke Dieselmotoren sollten auch nach dem möglichen Ausfall der normalen Stromversorgung den Betrieb des Bunkers sicherstellen.

Nachdem die Bundeswehr 1990 anfängliche Pläne zur Übernahme der Anlage verworfen hatte, verschwand der größte Teil der Technik. Stattdessen brachte die Deutsche Telekom hier

Lüftungsrohre sollten die Mannschaften im Bunker mit Frischluft versorgen.

ihr technisches Gerät unter. Sie erweiterte den Sendeturm und nutzte die ehemaligen Unterkünfte der Wachmannschaften.

Heute befindet sich das Gelände im Eigentum eines Pasewalker Unternehmens, das sich mit dem Bau von Blockheizkraftwerken beschäftigt. Die Telekom hat ihren Bereich zwar nur gemietet, aber kein Interesse an öffentlichen Führungen. Deshalb bleibt für Interessenten der Einstieg in den Bunker eher die Ausnahme. Jederzeit zugänglich sind allerdings die beeindruckenden Sicherheitszäune um das eigentümliche »Hauptpostamt« am Ende einer Straße durch den Wald.

STECKBRIEF

Die einstige Übertragungsstation in einem unterirdischen Atombunker sollte die ungestörte Kommunikation zwischen den Armeen der Ostblockländer ermöglichen. Sie befindet sich noch weitgehend im Originalzustand, nur die technischen Geräte fehlen. Eine Besichtigung ist nicht möglich. Die Eigentümerfirma öffnet ihre Tore nur an wenigen Tagen für Besucher.

Anreise

Die einstige NVA-Anlage befindet sich im Brölliner Wald am Rande von Pasewalk. Autofahrer erreichen Pasewalk über die Ostseeautobahn A 20 oder die B 109 aus Richtung Prenzlau. Am Bahnhof halten Züge aus Berlin und Stralsund.

→ Extra-Tipp

Eine Fahrt mit der vor einigen Jahren teilweise wiederaufgebauten »Mecklenburg-Pommerschen Schmalspurbahn« führt die Touristen in längst vergangene Zeiten. Auf 2,6 Kilometer Länge verkehren zwischen den Orten Schwichtenberg und Uhlenhorst an Wochenenden zwischen Anfang Mai und Anfang Oktober nostalgische Personenzüge. Sie werden entweder von Dieselloks oder sogar von einer Dampflokomotive gezogen. Die Bahnstation Schwichtenberg befindet sich nördlich von Pasewalk zwischen Ferdinandshof (B 109) und Friedland (B 197/Ausfahrt von der A 20). Infos unter www.mpsb.de

Greifswalder Dom

Über die Bibliothek hinter der Geheimtür wurde Stillschweigen bewahrt

Die kleine Tür neben dem Pfeiler fällt im großen Dom St. Nikolai von Greifswald kaum auf. Sie befindet sich außerdem in dem vom Besucherstrom wenig frequentierten Ostteil des mächtigen Gebäudes und könnte auf den ersten Blick für den Eingang zu einer Abstellkammer oder in den Keller gehalten werden. Die Blechtür sieht außerdem uralt aus und besitzt keine Klinke. Doch der äußere Schein trügt. Hinter dem so unscheinbar wirkenden Eingang verbirgt sich eine Wendeltreppe, die zu einem viele Jahrhunderte geheim gehaltenen Versteck führt. Selbst während und nach dem Ende der umfangreichen Bauarbeiten 1991 verloren die Dompfarrer darüber kein Sterbenswörtchen. Erst im Jahre 2012 lüfteten sie das Geheimnis der mit einem Dach und Seitenwänden versehenen Empore: Über der Kapelle lagern seit 1755 die Bücher der berühmten »Bibliothek des Geistlichen Ministeriums«.

Bis dahin sollte kein Außenstehender von den Schätzen dieser 1602 angelegten Sammlung erfahren. Selbst Geistliche, Historiker und Wissenschaftler, die einzelne Bücher für ihre Arbeiten ausliehen, wurden zum Schweigen verpflichtet. Hätten sie geplaudert, wäre ihnen der Zutritt zur Bibliothek auf alle Zeit verwehrt worden, von anderen Strafen ganz zu schweigen. Die Einschüchterungstaktik ging auf. Niemand sprach öffentlich über die geheime Tür und den Raum hinter der Wendeltreppe. Heute befindet sich die Sammlung im restaurierten Raum oberhalb der Sakristei und damit in Nachbarschaft der Empore. Da die Bücher sehr wertvoll sind, kann sie nur nach vorheriger Anmeldung und unter Aufsicht besucht werden.

Aber auch der Aufgang zu diesem neu gestalteten Bücherraum erweckt die Neugierde. So erschließt sich der Sinn eines rechteckigen Lochs in der dicken Mauer neben der Treppe nicht auf Anhieb. Möglicherweise diente die Öffnung zum Austausch geheimer Botschaften oder als weiteres Versteck. Selbst die Bilder eines Fernsehteams, das eine beleuchtete Minikamera in den Raum hinter der Mauer herabließ, lieferten

Hinter dieser unscheinbaren Tür befand sich der streng geheim gehaltene Aufgang zur wertvollen Bibliothek des Doms.

keine Erklärung. Man darf also auf die Ergebnisse weiterer Untersuchungen gespannt sein.

Der Grund für die lange Geheimniskrämerei rund um die Bibliothek ist auch für den Laien sofort nachvollziehbar. Eine Sammlung von 2.000 Handschriften, Inkunabeln und Büchern, von denen die ältesten Exemplare aus dem 16. Jahrhundert stammen, gibt es so schnell kein zweites Mal. In ihr Versteck

Die ältesten Exemplare der nur nach Anmeldung zugänglichen Bibliothek stammen aus dem 16. Jahrhundert.

auf der Empore brachte man sie Mitte des 18. Jahrhunderts aus einem recht banalen Grund. Feuchtigkeit und Schimmel in der Sakristei hatten die Existenz der Kostbarkeiten bedroht. In dem Provisorium auf der Ostempore blieben die Bücher mit einer kleinen Unterbrechung allerdings mehr als 260 Jahre.

Mit dem Buch nach Amerika ausgewandert

Das älteste Exemplar der in Leder, Holz oder Pergament gebundenen Bücher und Schriften stammt aus dem Jahre 1383. Dabei handelt es sich um einen Kommentar zum Lucas-Evangelium. Beim Blättern in den uralten Büchern, was nur mit Handschuhen erlaubt ist, fallen nicht nur die erstaunliche Akribie und Kunstfertigkeit der beschriebenen Seiten auf. Es findet sich auch ein Hinweis, der eher zum Schmunzeln anregt. Demnach fehlt das Werk eines gewissen Jacobi de Zochis, einst mit der Nummer 22.C.V. bedacht. Auf einem Karton folgt die sehr irdisch anmutende Erklärung: »Lt. Katalog ist der letzte Ausleiher: Cand. Jur. Matthies. Mit dem Buch nach Amerika ausgewandert«. Daneben steht die Jahreszahl 1869.

Ein Vorkommnis, das sicherlich die absolute Ausnahme gewesen ist. Ansonsten würde dieser große Bestand heute gar nicht mehr existieren. Viele der Bücher hatten vor ihrer Ankunft im Dom schon eine kleine Odyssee hinter sich. Nach der Auflösung der Franziskaner- und Dominikanerklöster in Greifswald im Zuge der Reformation 1535 kamen die Bücher der Dominikaner zunächst in die Pfarrkirche St. Marien, während die Bestände der Franziskaner in deren ehemaligen Grauen Kloster verblieben. Erst 1599 wurden sie zusammengeführt und 1602 schließlich unter dem Namen der neu gegründeten »Bibliothek des Geistlichen Ministeriums« in der Greifswalder Hauptkirche St. Nikolai den evangelischen Predigern und Lehrern der Stadt Greifswald zur Verfügung gestellt.

Bei der Restaurierung des 1755 aufgegebenen Bibliothekssaales machten die beteiligten Fachleute vor Kurzem eine weitere Entdeckung. Unter den Dielen fanden sie unter allerlei Schutt, Glasscherben und einem Lederball ein handschriftlich verfasstes Werk aus dem zweiten Drittel des 15. Jahrhunderts. Wie anschließende Recherchen ergaben, handelt es sich um die Abschrift der kirchenkritischen Schrift der Birgitta von Schweden (1303–1373). Ihre Rekonstruktion kostete 5.000 Euro. Warum und wann die Handschrift aber unter den Dielen versteckt worden war, blieb ungeklärt. Ein paar Geheimnisse müssen eben fortdauern.

STECKBRIEF

Im Greifswalder Dom führt hinter einer unscheinbaren Blechtür eine geheime Wendeltreppe auf die Ostempore. Dort wurde zwischen 1755 und 2012 die aus mehr als 2.000 mittelalterlichen Bänden bestehende »Bibliothek des Geistlichen Ministeriums« versteckt. Sie war zwar einem bestimmten Personenkreis zugänglich, jedoch war dieser zum Schweigen verpflichtet. Erst die Restaurierung des ursprünglichen Bibliothekssaals machte einen Umzug der Bücher möglich.

Informationen

Anmeldung zur Bibliotheksbesichtigung bei der Kirchengemeinde St. Nikolai, Tel. 0 38 34 / 26 27
www.dom-greifswald.de

Anreise

Greifswald ist mit dem Zug oder mit dem Pkw über die Ostseeautobahn A 20 sehr gut aus Süden und Westen erreichbar. Der Dom St. Nikolai befindet sich direkt im Stadtzentrum (Domstraße 54).

Erlebnismöglichkeiten

Im Dom wurde eine mittelalterliche Schreibstube »Sciptorium« eingerichtet, wo sich Kinder und Erwachsene als Mönche verkleiden und sich im Umgang mit Gänsefedern und Tinte ausprobieren können. Es gibt ein Quiz über die Geschichte des Papiers, die Buchherstellung und des Schreibens sowie eine kleine Führung durch den Dom.

→ Extra-Tipp

Von der Aussichtsgalerie des Doms hat der Besucher einen beeindruckenden Blick über die alte Hansestadt und kann bei schönem Wetter sogar die Insel Rügen erkennen.

Als nahezu unverwüstlich erweisen sich die Betonmauern der einstigen Bunker am Strand bei Ahrenshoop.

In Mecklenburg-Vorpommern befinden sich wie in den anderen östlichen Bundesländern zahlreiche unter- und oberirdische Bunker. Sie stammen zum größten Teil aus DDR-Zeiten, einige auch aus dem Zweiten Weltkrieg. Die meisten Bunker wurden mit der deutschen Wiedervereinigung am 3. Oktober 1990 stillgelegt, weil die einstigen Auftraggeber und Nutzer wie das Ministerium für Staatssicherheit, das Ministerium des Innern, die Nationale Volksarmee und andere Organisationen nicht mehr existierten. Die Bundeswehr übernahm nur wenige Bunker, die sie aber meist schnell aufgab. Es bestand einfach kein Bedarf mehr für sie.

Obwohl die Türen größtenteils mit zusätzlichem Stahl, Beton und Erde verschlossen wurden, fanden oft Eindringlinge einen Weg ins Innere der Bunker und richteten auf der Suche nach verwertbaren Gegenständen zum Teil große Schäden an. Ungezügelte Zerstörungswut führte zu Bränden und Überflutungen.

Die folgende Aufzählung stellt nur eine Auswahl dar.

Ahrenshoop

NVA-Bunker in der Steilküste und am Strand

Große Betonblöcke an der Steilküste, am Strand und direkt in der Ostsee bei Ahrenshoop auf der Halbinsel Fischland-Darß-Zingst (FDZ) bezeugen die große Kraft des Wassers. Über einen langen Zeitraum haben die Wellen mit Wucht gegen das sich rund zehn Meter hoch auftürmende Land geschlagen. Oben befanden sich einst mehrere Bunker, von denen aus NVA-Soldaten das Geschehen in der Meerenge zwischen der Halbinsel und dem dänischen Fährhafen Gedser beobachteten und Fluchtversuche von DDR-Bürgern verhinderten.

Bereits im Zweiten Weltkrieg hatte die Wehrmacht die strategisch günstige Lage erkannt und eine Flak-Station eingerichtet, die mit drei bis vier Geschützen die Ostsee überwachte. In dieser Gegend verlief eine U-Boot-Sperre zwischen Gedser und der Halbinsel FDZ. Unter einem bis heute erkennbaren Hügel hinter der Küste befand sich einst ein Granatenbunker.

Ursprünglich standen alle massiven Bauten auf dem schmalen Küstenabschnitt zwischen Ostsee und Bodden. Gewaltige

Die Ostsee hat sich längst dieser mächtigen Bunker bemächtigt, die früher auf der Steilküste standen.

Küstenabbrüche haben die Bunker im Laufe der Jahre jedoch abstürzen lassen. Vor allem die einstigen Wehrmachtsstationen liegen schon lange im Wasser, das das Armierungsgeflecht und Kabelreste aus dem Beton ausgespült hat.

Bis heute trotzt nur eine Anlage der Küstenaushöhlung und hält sich in wackliger und bedrohlich wirkender Position auf der Steilküste. Mitte der 1990er-Jahre stand sie noch 50 Meter von der Küstenkante entfernt. Das Meer nimmt sich hier pro Jahr 50 bis 75 Zentimeter vom Festland. Der Sand wird einige Kilometer weiter nördlich am Darßer Ort wieder angespült.

Informationen

Die einst von der Wehrmacht und von der NVA errichteten Bunker stehen zwischen Wustrow und Ahrenshoop hauptsächlich am Strand und in der Ostsee. Die Anlagen sind nicht abgesperrt und können mit entsprechender Vorsicht aus der Nähe erkundet werden. An den Überresten lassen sich noch die einstigen Ausmaße der Anlage und der ehemalige Standort auf der Steilküste ablesen.

Der Ostseeküsten-Radweg zwischen Warnemünde, Graal-

Noch gibt es für die Beseitigung dieser militärischen Relikte vom Strand bei Ahrenshoop kein Konzept.

Müritz, Ahrenshoop, Prerow und dem Darß führt in Höhe Niehagen direkt an der Bunkerabsturzstelle vorbei (Stahltreppe zum Strand). Autofahrer parken im Ortsteils Althagen von Ahrenshoop und nehmen den Weg hinter dem neuen Kunstmuseum bis zur Ostsee (Weg zum Hohen Ufer).

Kap Arkona

Unterirdische Bauten der Wehrmacht und der NVA

An der Nordspitze der Insel Rügen befinden sich zwei frühere Militäranlagen unter der Erde. Die kleinere nutzte die Wehrmacht im Zweiten Weltkrieg für Beobachtungszwecke. Zu DDR-Zeiten war hier eine Einheit der Grenzbrigade Küste stationiert, um Republikfluchten über die Ostsee zu verhindern. Heute beherbergt der »Arkonabunker« eine kleine Kunstgalerie.

Weitaus größere Dimensionen weist der benachbarte »neue Bunker« auf. Ihn ließ die Volksmarine zwischen 1979 und 1986 als Gefechtsstand errichten. Sie selbst hatte ihren

Hauptstandort auf Rügen etwas westlich von Kap Arkona. Auf dem sogenannten Bug, wie die westlichste Landzunge der Halbinsel Wittow in der Nähe des Ortes Dranske genannt wird, befand sich bis 1990 ein weiträumig abgesperrter Stützpunkt der Schnellbootflottille. Um für den Ernstfall eines Krieges vorbereitet zu sein, sollten vom Bunker auf Kap Arkona aus Seemanöver der Volksmarine und der Vereinigten Ostseeflotte (der Ostblockländer) mit gelenkt werden.

Insgesamt befinden unter einer 3 bis 5 Meter dicken Erdschicht drei größere und neun kleinere Einzelbunker, die über einen Hauptmittelgang erreichbar sind. Die größeren Bunker besitzen eine Zwischenetage für die Schlafplätze. Bei Manövern wurden hier im Schnitt viermal jährlich 50 bis 70 Soldaten untergebracht. In der übrigen Zeit schoben vier Soldaten Wache.

Die Besucher können sich bei einer Führung und einer Ausstellung von Bunkerutensilien inklusive Fotoschau in die damalige Zeit zurückversetzen.

Informationen

Das Kap Arkona kann nicht direkt mit dem Auto angesteuert werden. Das wird auf einem großen Parkplatz in Putgarten abgestellt. Von dort sind es rund 1,8 Kilometer bis zu den Bunkern und Leuchttürmen. Man nutzt dafür entweder eine Pferdekutsche, einen Bus in Form einer Bahn, das Fahrrad oder geht einfach zu Fuß.

In der Saison finden täglich zwischen 12 und 15 Uhr zu jeder vollen Stunde Führungen durch den Marineführungsbunker am Kap Arkona statt. Sie dauern rund 45 Minuten.

Bunker 302 Bad Sülze-Eichenthal

Inszenierung als Mahnmal des Kalten Krieges

Dank einer privaten Initiative konnte der einstige NVA-Bunker »302« in Langsdorf bei Bad Sülze östlich von Rostock vor einigen Jahren wieder begehbar gemacht werden. Vom neuen Eigentümer erhielt er den Namen des winzigen Ortes Eichenthal, der an der Zufahrt zu dieser versteckt im Wald gelegenen und ehemals gut gesicherten Anlage liegt. Zwar kritisierten

Zeit- und Augenzeugen die offenbar nicht in jedem Detail authentische Darstellung des einstigen Bunkeralltags durch den Eigentümer. Aber den meisten Besuchern bleibt nach einem Besuch vor allem der Eindruck des durch den Kalten Krieg verursachten riesigen materiellen Aufwands in Erinnerung. So durchlaufen sie gleich auf zwei Etagen ein Labyrinth aus notdürftig beleuchteten Räumen voller Funktechnik.

Der Bunker 302 war eine Station im »Troposphären-Nachrichtensystem« der Ostblockländer. Ähnliche Anlagen stehen noch in Wollenberg bei Bad Freienwalde (301) nördlich von Berlin und in Röhrsdorf bei Königsbrück in Sachsen. Nach Ausbruch eines Atomkriegs sollten die 64 hier stationierten Soldaten so lange wie möglich die Funkverbindung zu den Kommandostäben auf dem Wasser oder auf dem Lande aufrecht erhalten. Einer der wichtigsten Empfänger der Nachrichten befand sich ganz in der Nähe: der Hauptgefechtsstand der Volksmarine in Tessin.

Gebaut wurde der Bunker zwischen 1983 und 1988. Laut Chronik erfolgte die volle Inbetriebnahme der drei Stationen erst im Frühjahr 1990 und damit kurz vor dem Ende der DDR und des Verteidigungsbündnisses »Warschauer Vertrag«.

Anfang 1992 wurden alle Zugänge verschlossen. Seit 2004 engagiert sich eine private Interessengemeinschaft für die Umgestaltung zum »Museum der dramatischen Art«. Zum Abschluss des Rundgangs erleben die Besucher eine inszenierte Kernwaffendetonation.

Informationen

Von April bis Oktober kann der Bunker 302 täglich besichtigt werden, falls sich genügend Interessenten am Tor einfinden. Er ist von der A 20 aus Rostock (Ausfahrt Bad Sülze) über Bad Sülze, Langsdorf und der Landstraße nach Eichenthal zu erreichen.

Näheres unter Tel. 03 83 20 / 64 98 66, www.bunker-302.de

Quellen- und Literaturverzeichnis

Alliierten-Museum, Berlin 2013

Edition A-B-Fischer: *Edvard Munch in Warnemünde*, Berlin 2011

Feiler, Edelgard und Feiler, Klaus: *Die verbotene Halbinsel Wustrow*, Berlin 2012

Grenzhus, Museum zum Leben an der innerdeutschen Grenze, Schlagsdorf 2013

Historisch-Technisches Museum Peenemünde, Peenemünde 2013

Köpp, Wolfgang: *Der Park von Alt-Rehse im Wandel zum Tollense Lebenspark*, Grevesmühlen 2007

Luftfahrttechnisches Museum Rechlin, Rechlin 2013

Wenzel, Götz Thomas: *Geheimobjekt Atombunker. Die Troposphären-Funkstation Eichenthal,* Berlin 2008

Witzke, Christiane: *Domjüch, Eine Landesirren-, Heil- und Pflegeanstalt in Mecklenburg,* Friedland 2012

Bildnachweis

Alle Aufnahmen: Claus-Dieter Steyer

S. 46, 48: Mit freundlicher Genehmigung durch das Historisch-Technische Museum Peenemünde

S. 105: Mit freundlicher Genehmigung durch das Edvard-Munch-Haus in Rostock

S. 107: © VG Bild-Kunst, Bonn 2013 / Foto: Munch Museum

S. 115: Mit freundlicher Genehmigung durch den Grenzhus e.V. Schlagsdorf

S. 134, 135: Mit freundlicher Genehmigung durch die Domgemeinde St. Nikolai Greifswald